CBT 2020

Sommario

CBT 2020 - COTTURA A BASSA TEMPERATURA

Introduzione

Oggi si è molto diffuso nel campo culinario la cottura a bassa temperatura o CBT.

Sempre più spesso, nei ristoranti, nei programmi dedicati alla cucina e sul web è sempre più conosciuto questo metodo di cottura.

La cottura a bassa temperatura o CBT, è un metodo di cottura con il quale l'alimento viene inserito in una busta sottovuoto, privato dell'aria e cotto in acqua a bassa temperatura per un tempo prolungato.

Questo metodo di cottura, nasce negli anni '70 in Francia grazie a Georges Pralus e Bruno Goussault, che effettuarono degli studi e attraverso i loro esperimenti riuscirono a determinare i primi principi di cottura a bassa temperatura e applicarli alla ristorazione.

Inizialmente la CBT è stata utilizzata solo dagli chef nei ristoranti per il costo eccessivo dei macchinari utilizzati per realizzare il sottovuoto e questa particolare tecnica di cottura.

Oggi, questi strumenti sono alla portata di tutti sul mercato, si trovano vari macchinari a prezzi contenuti per realizzare questo tipo di cottura.

Grazie ai social e le trasmissioni dedicate alla cucina, la CBT è sempre più conosciuta trovando tantissime ricette sul web.

Ma se vi state chiedendo se è la solita moda del momento, la mia risposta è no!

Questo tipo di cottura porta tantissimi benefici, dà la possibilità di utilizzare meno condimenti, quindi meno sale e di eliminare i soffritti.

Inoltre, non altera gli alimenti in cottura, conservando tutti i suoi succhi, le sostanze nutritive come vitamine e sali minerali e non diminuisce il peso garantendo non solo la qualità ma anche la quantità delle porzioni.

Vengono utilizzati diversi macchine, che posso variare nel costo più o meno alto, ma verrete ripagati quando mangerete ottimi cibi di qualità.

La CBT, prevede l'utilizzo di una macchina sottovuoto, per togliere l'aria dalle buste che contengono i cibi e il roner, un apparecchio che riscalda l'acqua nella vasca dove viene immersa la busta sottovuoto.

Il roner, inoltre, mantiene costante la temperatura per un determinato tempo fino al raggiungimento della cottura dell'alimento.

La CBT, dà la possibilità di avere molti vantaggi poiché, non solo si possono ottenere piatti idi ottima qualità, ma si possono ottimizzare i tempi.

La CBT, permette di non alterare il sapore degli alimenti, utilizzando pochissimi condimenti e spezie, il sottovuoto garantisce ed esalta i sapori.

Anche dal punto della consistenza, mantenendo tutti i succhi dell'alimento, garantirà una carne morbida e tenera del prodotto.

Cuocendo a basse temperature, inoltre, tutti gli alimenti, manterranno i loro colori senza ossidarsi e saranno più digeribili dato che non si aggiungeranno grassi per la cottura.

Cuocendo gli alimenti a bassa temperatura e utilizzando il sottovuoto si ha la possibilità di conservare i cibi già cotti e più a lungo.

Ma vediamo nel dettaglio cos'è e in cosa consiste la CBT, partendo dalla nascita di questo metodo di cottura per arrivare a come cucinare e conservare i vari alimenti.

Capitolo 1

Cos'è la cottura a bassa temperatura?

La cottura a bassa temperatura chiamata semplicemente CBT o cottura sous-vide dal francese sottovuoto.

Questo tipo di cottura consiste nel mettere gli alimenti sottovuoto, dentro appositi sacchetti, togliendo l'aria e sigillandoli, per poi immergerli in acqua calda per cuocerli.

La temperatura con cui vengono cotti questi alimenti è bassa e costante, quindi per arrivare a cottura impegna molto più tempo di una cottura tradizionali.

Nonostante i tempi di cottura molto lunghi, possiamo dire che i cibi cotti con questo metodo, sicuramente sono migliori sia come sapore che come qualità, rispetto a una cottura tradizionale.

La temperatura che viene utilizzata nella cottura CBT, è costante, e bassa, proprio per questo viene detta anche cottura dolce.

La temperatura impiegata per la cottura dei cibi, varia da un minimo di 55 gradi, se cuciniamo carne o pesce, a un massimo di 85 gradi nel caso della cottura di vegetali e farinacei.

Per cuocere gli alimenti con la CBT, bisogna controllare spesso la temperatura durante la cottura, per evitare sbalzi di temperatura e rischiare di rovinare l'alimento.

Questo tipo di cottura permette di conservare tutti i sapori dell'alimento, senza alterarli con una cottura troppo aggressiva e dare una consistenza morbida e tenere.

Come nasce la cottura a bassa temperatura

Questa tecnica di cottura è molto utilizzata in questi ultimi anni in Italia, ma, non tutti sanno, che ha origini molto antiche.

Nel 1799, Sir Benjamin Thompson, Conte di Rumford, ha utilizzato questo tipo di cottura, utilizzando l'aria in sostruzione dell'acqua, come elemento per cuocere gli alimenti.

A metà degli anni '60, alcuni ingegneri americani e francesi, ripresero questo tipo di cottura e lo utilizzarono come metodo di conservazione per i cibi a livello industriale.

Solo nel 1974, lo chef del ristorante francese "*Troisgros*", Georges Pralus utilizzò la CBT come metodo di cottura del foie gràs.

Lo Chef Pralus utilizzando il metodo di cottura della CBT, si rese conto scoprì che il foie gràs manteneva la sua consistenza e il suo sapore, perdendo pochissima quantità di grasso.

Un altro precursore della CBT, è Bruno Goussault, che ha studiato ed effettuato molte ricerche riguardanti le cotture e le temperature di molti alimenti cotti con questo metodo.

Goussault insegnò la CBT a molti chef che diventarono molto conosciuti grazie a questo metodo di cottura.

Grazie alle sue ricerche, Goussault riuscì a una tabella con i tempi e le temperature di cottura per molti alimenti.

Negli anni '90 si iniziò a studiare con più attenzione la CBT, ma è solo negli anni 2000 che questo metodo di cottura iniziò a essere utilizzata da moltissimi chef, in tutto il mondo.

L'utilizzo della CBT, in quasi tutti i ristoranti del mondo, non è dovuto a una moda momentanea, ma al fatto che riesce a conservare e mantenere inalterate   le   proprietà organolettiche degli alimenti.

Questo avviene, in quanto, non cuocendo in padella, o cmq su un piano caldo, i succhi dell'alimento, non evaporano e non disidratano i cibi, mantenendo i sapori e le consistenze immutate.

Per esempio, se cuociamo la carne con la CBT, riusciamo a conservare tutti i succhi e i grassi contenuti in essa, conservando la sua consistenza, la sua morbidezza, dando sapidità e gusto, evitando di aggiungere altri insaporitori come il sale.

Capitolo 2

Quali attrezzature servono?

A differenza della cucina tradizionale, per effettuare una CBT, non possiamo utilizzare delle semplici padelle e pentole, ma servono dei macchinari particolari per ottenere il meglio da questo metodo di cottura.

Questi strumenti sono:

- Il **Roner**: è una macchina che serve per effettuare la CBT, il suo utilizzo è molto semplice, una volta inserito l'alimento nella busta ed effettuato il sottovuoto, basterà inserire la busta nell'acqua calda, settare i tempi e la temperatura e accendere il roner. Esistono diversi tipi di roner, quelli dotate di vasche per la cottura o quelli che si possono immerge in qualsiasi contenitore contenete l'acqua come una pentola. Questo tipo di roner è molto pratico, occupa poco spazio e può essere utilizzato su qualsiasi tipo di contenitore. Nella parte superiore, solitamente in plastica, è inserito il display dove sono presenti i comandi e le impostazioni come le temperature e il timer per stabilire i tempi. Nella parte infervorire, in acciaio inox, è presente una serpentina riscaldante e di una ventola di circolazione per favorire la miscelazione dell'acqua. Ha un dispositivo di blocco motore se viene rilevata sovratensione e sovratemperatura e se l'evaporazione dell'acqua è eccessiva e non può lavorare correttamente. È dotato di una resistenza per riscaldare l'acqua per la cottura degli alimenti. Una pompa che servirà per fare circolare l'acqua e mantenere costante e uniforme la temperatura per la cottura. Per utilizzare al meglio il roner, bisognerà utilizzare una casseruola abbastanza capiente da poter immergere completamente la parte in acciaio inox. Può riscaldare fino a un massimo di 20, 30 litri di acqua a una temperatura che varia 20 ai 100 gradi circa. Con questo tipo di macchinario, si avrà una temperatura sempre costante per tutto il tempo necessario alla cottura dell'alimento. Sul mercato esistono diversi tipi di roner, che variano da un prezzo di circa 400 euro a salire.

- **Una macchina per il sottovuoto a campana**: questo apparecchio riesce a togliere l'aria agli appositi sacchetti e li sigilla. Esistono diversi macchinari per il sottovuoto, da quelli casalinghi a quelli più professionali. Per la CBT, la migliore è quella "a campana", che riesce a togliere il 99% dell'aria nelle buste e a mettere sottovuoto anche i liquidi. L'unico inconveniente è il suo prezzo un po' troppo alto. È costituita da una struttura in acciaio e dove all'interne è presente una vasca che permette di tagliare i sacchetti per il sottovuoto, nello spessore desiderato in base agli alimenti contenuti. Sulla parte alta della macchina è posta una campana in plexiglas trasparente che dà la possibilità di vedere come viene effettuato il sottovuoto. All'interno della vasca, inoltre, è posta una barra rivestita di teflon, per saldare i sacchetti e impedire che si sciolgano. È dotato di un display con le impostazioni, che indica anche le varie fasi del confezionamento. Si possono anche stabilire le percentuali di sottovuoto.

- **Una macchina per il sottovuoto a estrazione**: Se non si vogliono spendere grosse cifre, si può utilizzare una macchinetta sottovuoto più casalinga, detta "a estrazione". In questo caso non si possono mettere i liquidi nelle buste, ameno che non siano congelati, per evitare che la macchina insieme all'aria non risucchi anche i liquidi danneggiandola. È una macchina di piccola dimensione a un prezzo contenuto, per un uso più casalingo. È dotata di una fessura sul fondo per inserire il sacchetto. In questo modo viene aspirata l'aria e la barra salderà il sacchetto. Nella parte superiore sono collocati di solito tre pulsanti, con i quali si accendere e spegnere la macchina, avviare e fermare il sottovuoto e saldare il sacchetto.

- I **sacchetti**: in commercio ne esistono di diversi tipi e misure in base alle macchine che si utilizzano per il sottovuoto. Per esempio se si utilizza la macchina per il sottovuoto a estrazione, i sacchetti più idonei da utilizzare sono quelli goffrati, perché sono dotati di un lato ruvido, che semplificano un'aspirazione dell'aria facendo aderire con più facilità il sacchetto all'alimento. Tutti i sacchetti sono usa e getta, sono destinati a questo tipo di utilizzo sono di plastica ma non contengono PVC, si trovano in diversi formati e dimensioni.

Altre attrezzature utili per la CBT

Ci sono altri tipi di attrezzature che possono servire per cottura a bassa temperatura oltre quelle sopra citate.

Per la CBT possiamo utilizzare:

- Il **Forno**: se non vogliamo spendere molti soldi per l'acquisto di un roner, possiamo utilizzare il nostro forno per la CBT. Possiamo oleare leggermente una teglia e impostare il forno a una temperatura di 60 gradi per cuocere gli alimenti. Oppure possiamo utilizzare un forno a vapore.

- Il **forno a vapore**: alcuni sono collegati direttamente alla rete idrica altri invece sono dotati di un serbatoio dove mettere l'acqua per formare il vapore. I modelli più moderni sono già predisposti per la CBT e sono in grado di controllare nei minimi dettagli la quantità di vapore necessaria per la cottura. In alcuni modelli di forno a vapore, la sonda è in dotazione con il forno.

- La **vaporiera**: sicuramente per chi non ha grosse somme da investire per l'acquisto dei macchinari necessari per la CBT, la vaporiera è l'ideale. È una tra le attrezzature più che economiche che si possano utilizzare, con l'ausilio di un termometro a sonda è un ottimo metodo per cuocere i cibi a bassa temperatura. Non è uno dei metodi più precisi per questo tipo di cottura ma si ottengono degli ottimi risultati. In commercio abbiamo anche la vaporiera elettrica più adeguata per la CBT, è dotata di una caldaia sul fondo per produrre vapore e dei cestelli per la cottura. Grazie a una serpentina immersa nella vaschetta con l'acqua, si produce il vapore. Nella parte davanti è disposto un display con il quale si possono controllare e impostare la temperatura e il tempo di cottura. In alcuni modelli, sul display sono già predisposte le impostazioni di cottura indicate con l'immagine dell'alimento che si vuole cuocere.

- Il **termometro a sonda** e il **timer**: questi due attrezzi non devono proprio mancare in una cucina, specialmente se si vuole cucinare a bassa temperatura. Il termometro a sonda ci dà la possibilità di avere una più precisa temperatura all'interno degli alimenti, ottenendo ottime cotture. Tutti gli strumenti da cucina sono dotati di timer, ma aver uno in più è sempre comodo, specialmente se si preparano più pietanze con tempi di cottura diversi nello stesso momento.

La giusta busta per il sottovuoto

In commercio, come abbiamo già detto, esistono tantissime tipologie di buste per il sottovuoto, di varie dimensioni e materiali.

Ma per cuocere gli alimenti a bassa temperatura i sacchetti più adatta sono cinque, alcune sono adatte per la conservazione altre per la cottura.

Le **buste lisce per la conservazione**: sono dei sacchetti per il sottovuoto adatti per la conservazione degli alimenti in frigo o in freezer.

Le **buste goffrate per la conservazione**: sono dei sacchetti adatti per il sottovuoto, con un lato interno ruvido, grazie al quale l'ara fuoriesce più in fretta e con più facilità.

Queste tipologie di buste sono adatte per le macchine per il sottovuoto a estrazione.

Le buste **per la cottura lisce o goffrate**: sono dei sacchetti per il sottovuoto adatti per la cottura degli alimenti, studiate per resistere ad alte temperature, anche più di 120 gradi.

Queste buste, sono molto utilizzate oltre che per la cottura, per la pastorizzazione e la surgelazione degli alimenti.

Le **buste termoretraibili**: sono sacchetti molto resistenti che permettono la cottura e il congelamento degli alimenti.

Vengono immerse nell'acqua calda a 95 gradi per qualche secondo e il sacchetto aderisce completamente all'alimento contenuto.

In questo modo, l'alimento, non perderà i suoi succhi che rimarranno all'interno e manterrà la sua forma originale.

Le **buste di carta Fata sottovuoto**: queste tipologie di sacchetto e tra le più utili in cucina.

Permettono, grazie al loro particolare materiale in plastica, di cuocere gli alimenti fino a una temperatura di 220 gradi.

In questo modo possiamo cuocere gli alimenti sottovuoto a bassa temperatura.

Ma la loro particolarità, sta nel fatto che dopo la cottura a bassa temperatura, si può anche mettere in forno per terminare la cottura senza dover uscire l'alimento dal sacchetto.

Capitolo 3

CBT differenza con la cottura tradizionale

Il metodo di cottura a bassa temperatura, si differenzia dai metodi più tradizionale per diversi aspetti.

La prima differenza è quella che nella cucina tradizionale, si cucinano i cibi ad alte temperature per far caramellare gli zuccheri e formare quella croccante crosticina, ma in questo modo molti dei succhi dell'alimento evaporano.

Per esempio, se prendiamo un bel pezzo di carne, con il suo grasso e i suoi succhi e la cuociamo sulla piastra o su una padella rovente, noteremo dopo qualche minuto la formazione di fumo.

Questo fumo, è dato dall'evaporazione dei succhi della carne, facendola seccare e restringendo le fibre, modificando la consistenza, rendendola meno morbida e gommosa.

Per rendere la carne più morbida, con la cottura tradizionale in padella, bisognerà aggiungere condimenti vari come olio e salsine.

Per insaporire la carne e renderla più morbida, a volte, si utilizzano delle marinature che danno umidità e sapore, per intenerire le fibre in cottura.

Un'altra differenza molto importante è la temperatura della cottura, infatti, riprendendo l'esempio della carne, per raggiungere una cottura ottimale, bisognerà fare in modo che il calore arrivi fino al cuore dell'alimento.

Così facendo, la parte esterna cuoce più in fretta e più a lungo, formando quella buonissima crosticina esterna, ma questo ha anche degli aspetti negativi.

Infatti, prolungando la cottura i succhi contenuti nella carne iniziano ad evaporare, seccando l'alimento.

Uno dei pochi vantaggi che ha una cottura tradizionale, è l'eliminazione della presenza di possibili microorganismi dannosi, infatti, grazie alle elevate temperature, si sterilizza l'alimento, rendendo più sicuro l'alimento.

Anche per la cottura delle verdure la situazione non cambia, di solito una volta cotte, è abitudine immergerle in acqua fredda e ghiaccio per bloccare la cottura e mantenere i colori.

Ma questo metodo, non risolve il problema vero e proprio della cottura, infatti, cuocendo le verdure ad alte temperature, perdono tutte le loro sostanze nutritive, che rimangono in padella.

Quindi immergere le verdure nell'acqua fredda e ghiaccio bloccherà la cottura e risolverà soltanto il problema dei colori senza preservare tutte le sostanze nutritive in esse contenute.

Anche friggendo o piastrando le verdure si avrà lo stesso risultato della carne, facendo perdere tutti i liquidi, indurendo le fibre e perdendo il sapore e le sostanze nutritive.

Un altro problema che riguarda la cucina tradizionale è la formazione dei microorganismi degli alimenti che si formano a contatto con l'ossigeno.

Il vantaggio della CBT è proprio quella di inserire i cibi nelle buste di plastica sottovuoto e cuocere gli alimenti a una temperatura costante che può essere regolata.

Mettendo gli alimenti sottovuoto e togliendo l'aria, non si ha il rischio della formazione di microrganismi, non si perdono i succhi contenuti negli alimenti mantenendo il sapore e conservando tutti i colori senza alterarli.

Errori da evitare

Per cucinare gli alimenti con la CBT e ottenere il meglio da essa, la regola fondamentale da seguire è acquistare alimenti di ottima qualità.

Più gli alimenti sono freschi e di qualità, più buoni saranno una volta cotti, conservando tutti i sapori e i succhi che contengono.

I fattori più importanti per cucinare a bassa temperatura, sono il tempo, la temperatura e la pezzatura della carne.

La temperatura nella CBT è molto importante, poiché, a una certa temperatura le proteine degli alimenti subiscono una trasformazione, facendo cambiare colore e consistenza dell'alimento.

I cibi più grassi, come la carne di maiale ha bisogno di più tempo e temperature più alte, a differenza di alimenti più magri.

Per evitare errori di cottura, quando si crea il sottovuoto, bisognerà usare dei sacchetti che lascino un po' di spazio per i cibi solidi per facilitare la cottura e poterli immergere completamente.

Per gli alimenti liquidi si dovrà utilizzare un sacchetto che dia la possibilità di lasciarne almeno la metà vuota, per facilitare la giusta cottura, evitando di usare troppe spezie o troppo sale, poiché con la CBT i sapori sono più forti.

Per ottenere una cottura omogenea degli alimenti, bisognerà sistemare nelle buste sottovuoto con attenzione in maniera tale da non sovrapporlo e avere uno spessore uniforme.

Utilizzare sempre sacchetti per il sottovuoto di buona qualità, a volte, l'errore più comune, è quello di utilizzare buste per il sottovuoto economiche e di scarsa qualità.

Ma a volte la plastica dei sacchetti può rilasciare sostanze nocive, quindi è consigliabile spendere qualche euro in più e acquistare buste per il sottovuoto che non contengano PVC.

La CBT prevede l'utilizzo di determinate attrezzature per ottenere la giusta cottura dei cibi e una qualità eccellente senza rovinare l'alimento e il suo sapore.

Importantissimi sono i tempi di cottura e la temperatura, sbagliare anche solo di un grado, potrebbe compromettere la riuscita del piatto.

Utilizzare attrezzature adatte alla CBT per poter avere una temperatura che cuocia gli alimenti a uniformante per un tempo prolungato è fondamentale per avere un ottimo prodotto.

È consigliabile utilizzare i condimenti per dare ed esaltare i sapori dei cibi cotti con la CBT, ma con moderazione, basteranno davvero pochissime quantità per dare sapore ai cibi.

Con la cottura a bassa temperatura, come abbiamo già detto, le temperature e i tempi sono importanti per ottenere un ottimo risultato.

Le carni grasse hanno bisogno di cotture più lunghe a temperature più alte rispetto a alle carni magre, anche le verdure e la frutta con la polpa, hanno bisogno di alte temperature per raggiungere la giusta cottura.

Sul web ormai si trovano tantissime tabelle che indicano la temperatura e il tempo di cottura per tutti gli alimenti che si possono cuocere con la CBT, dover poter prendere spunto e non sprecare gli alimenti.

I giusti passaggi per creare il sottovuoto

Come abbiamo già detto, sul mercato esistono due tipi di macchine per il sottovuoto, a estrazione e a campana.

Bisognerà valutare con molta attenzione l'acquisto di una o dell'altra macchina per il sottovuoto, poiché la differenza non sta solo nel prezzo ma anche sulle funzioni che svolgono.

Entrambe le macchine per il sottovuoto sono utili per la CBT, ma quella a estrazione, a differenza della macchina a campana, può essere utilizzata con alimenti asciutti, poiché i liquidi verrebbero aspirati dalla macchina danneggiandola.

Ecco perché se si usa una macchina a estrazione e si condiscono i cibi con marinature e salse varie per dare sapore, è consigliabile seguire determinati passaggi per non danneggiarla.

Prima di tutto bisognerà utilizzare una busta abbastanza grande, senza riempirla completamente in modo da lasciarne un terzo vuoto e senza sporcare i bordi.

Piegare e arrotolare i bordi su stessi, portare l'estremità del sacchetto sul fondo, facendo attenzione a non far fuoriuscire la marinatura, e avvolgerlo su se stesso, in modo da fare uscire più aria possibile senza sporcare i bordi.

A questo punto non resta che mettere la busta nella macchina per creare il sottovuoto, premendo con le mani, si può facilitare la fuoriuscita dell'aria, velocizzando il processo del sottovuoto.

Bisognerà fare molta attenzione in questo passaggio, per evitare la fuoriuscita del liquido e compromettere il risultato finale.

Per questo motivo, oltre all'acquisto di buste sottovuoto di qualità, è consigliabile, per iniziare, utilizzare una macchina per il sottovuoto a estrazione.

Se la CBT comincia ad appassirvi, magari, si potrebbe optare per l'acquisto di una macchina per il sottovuoto a campana per ottenere ottimi risultati.

La macchina sottovuoto a campana prende questo nome dalla sua forma, infatti, ha una forma concava che dà l'idea di una campana.

È una macchina per il sottovuoto professionale, abbastanza costosa, rispetto a una macchina per il sottovuoto a estrazione, ma sicuramente con dei risultati migliori!

Sul mercato si trovano anche macchina per il sottovuoto a campana anche con il coperchio piatto, e sono di dimensioni più piccole anche se i materiali con cui è prodotta sono sempre molto resistenti.

Il coperchio è dotato di una guarnizione che permette la fuoriuscita dell'aria, bisogna fare attenzione a non sporcarla per non pregiudicare la chiusura della busta.

La corretta pulizia e la manutenzione periodica di questi macchinari, farà in modo di avere sempre un risultato perfetto e favorirà una lunga durata delle macchine.

Capitolo 4

I vantaggi della CBT

Abbiamo già accennato ai molti vantaggi della cottura a bassa temperatura, ma vediamoli nel dettaglio, qui di seguito elencheremo alcuni dei vantaggi della CBT.

La CBT consente di cucinare tutti i cibi lentamente a una temperatura costante, permettendo una cottura uniforme dal cuore alla superficie dell'alimento.

Questo avviene poiché cuocendo lentamente il calore ha la possibilità di distribuirsi completamente sull'alimento evitando di girarlo costantemente.

Mantenere tutti i succhi dell'alimento è un altro dei vantaggi della cottura a bassa temperatura.

Grazie al sottovuoto, i suchi non possono uscire dalla busta e la bassa temperatura evita la loro evaporazione.

In questo modo si avrà un alimento tenero e gustoso, con tutti i sui succhi e i liquidi, manterrà tutte le sue proprietà e conserverà tutte le sostanze nutritive.

La CBT da questo punto di vista, è un metodo di cottura molto consigliato e migliore rispetto una cottura tradizionale, in quanto lascia intatti la consistenza dell'alimento e tutti i suoi valori nutrizionale.

Un altro fattore molto importante della cottura a bassa temperatura è la perdita di peso dell'alimento.

Con la CBT si avrà sempre un alimento cotto che ha mantenuto non soltanto tutti i sui succhi ma anche il suo peso originale rispetto a una cottura tradizionale.

Grazie alla possibilità di non perdere i succhi, si mantiene il peso dell'alimento, in questo modo si potrà disporre di tutto il prodotto acquistato.

Non si avrà più la paura che l'alimento cotto, come per esempio la carne, che perdendo i liquidi di riduca come peso, rischiando di non riuscire a servire tutti i commensali.

La cottura a bassa temperatura conserva e mantiene anche tutte le qualità organolettiche dell'alimento.

Cuocendo a basse temperature, l'alimento non perde tutte le sostanze nutritive garantendo intatti tutti i sapori.

Anche i sapori degli alimenti e delle spezie utilizza per la cottura a bassa temperatura conserveranno tutto il loro sapore e odore.

Grazie alla cottura sottovuoto, si potranno utilizzare quantità di aromi e spezie molte ridotte rispetto a una cottura tradizionale e non cuocendo a temperature troppo elevate manterranno intatti il loro sapore e odore.

Questo fa in modo di conferire agli alimenti un sapore più intenso e di ridurre l'utilizzo del sale e degli aromi.

La cottura a bassa temperatura, conferisce agli alimenti una consistenza tenera e morbida, mantenendo i succhi, grazie alla bassa temperatura di cottura, le fibre degli alimenti non seccheranno rimanendo morbide e tenere.

La CBT rendendo le fibre più morbide e non utilizzando intingoli vari che prevedono soffritti, rende gli alimenti più digeribili.

Con la cottura a bassa temperatura, si ha la possibilità di evitare che gli alimenti siano a contatto con l'aria, grazie al sottovuoto.

In questo modo si impedisce la formazione di batteri e altri microrganismi danno per la nostra salute.

Avendo il vantaggio di conservare più a lungo i cibi in frigo o in freezer.

Il vantaggio della cottura a bassa temperatura è quella di poter ottenere lo stesso risultato ogni volta che si cucina un alimento.

Una volta capito il meccanismo della CBT, sarà semplicissimo riprodurre la stessa ricetta e ottenere lo stesso risultato.

Basterà capire i tempi di e le temperature da utilizzare per cuocere una determinata quantità di cibo.

Gli svantaggi della CBT

La cottura a bassa temperatura, presenta anche degli svantaggi.

Uno svantaggio è quello di poter avere la buonissima crosticina che solitamente si forma nella cottura in tradizionale nelle bistecche e nei vari tagli di carne.

Infatti la CBT conservando i succhi contenuti negli alimenti, rende la loro consistenza tenera e morbida.

Se si desidera una crosticina croccante, come nel caso della carne, l'unica soluzione, è quella, dopo la cottura a bassa temperatura, di ripassare nella padella ad alta temperatura per qualche minuto l'alimento.

Altro tasto dolente è l'igiene, poiché gli alimenti vengono cotti a basse temperature, bisognerà fare molta attenzione al proliferarsi dei batteri.

Per questo motivo è importante acquistare prodotti di ottima qualità e mantenere una temperatura costante di almeno 65°C, per evitare la nascita dei batteri.

Se con la cottura a bassa temperatura si ha il vantaggio di mantenere tutti i succhi e il peso degli alimenti, lo svantaggio è quello di dover spendere un po' di più per ottenere degli alimenti di qualità.

Per avere un ottimo risultato nella cottura a bassa temperatura, bisognerà utilizzare un prodotto di alta qualità.

Senza considerare le spese da affrontare per l'acquisto dei macchinari se si vorrà passare ad attrezzature un po' più professionali.

La CBT fatta in casa

In commercio ci sono molte attrezzature che consentono di cucinare gli alimenti a bassa temperatura, ma molti di questi macchinari sono un po' costosi e non sempre alla portata di tutti.

L'ideale è utilizzare le attrezzature adatte, ma anche a casa si può provare la CBT, utilizzando gli utensili che si hanno nella propria cucina riuscendo ad ottenere un risultato quasi perfetto.

Per cimentarsi con la CBT a casa, serviranno i seguenti utensili da cucina:

- una pentola abbastanza grande;
- un termometro digitale a sonda;
- buste di plastica per il sottovuoto con chiusura a zip.

Una volta che abbiamo reperito tutti gli utensili necessari, vediamo nel dettaglio come utilizzarli nel migliore dei modi per ottenere una cottura a bassa temperatura.

Prendiamo la pentola riempiamola d'acqua, ma non del tutto per non fare fuoriuscire l'acqua una volta immerso l'alimento e raggiungere la temperatura desiderata.

Utilizzare il termometro digitale a sonda per controllare che l'acqua sia a temperatura lasciandolo appoggiato al bordo della pentola.

Se non disponete di un termometro digitale a sonda, basterà anche un semplice termometro digitale, ma in questo bisognerà trovare il modo di fissarlo a al bordo della pentola.

Se non si riesce a fissare il termometro alla pentola, niente paura, basterà controllare ogni tanto la temperatura dell'acqua, in modo da mantenerla costante.

Una volta che l'acqua avrà raggiunto la temperatura, bisognerà immergere l'alimento dopo averlo inserire l'alimento dentro la busta e creare il sottovuoto.

Se non si ha la macchina per il sottovuoto, si può provare a inserire il cibo dentro una busta per alimenti con chiusura a zip.

Cercando di togliere quanta più aria possibile, aiutandosi con le mani, non è necessario fare fuoriuscire completamente tutta l'aria, quindi se ne rimane un po' non importa.

L'importante è utilizzare buste per alimenti con la zip, in modo da facilitare la chiusura e che non rilascino sostanze nocive durante la cottura.

Come abbiamo già detto, grazie alla cottura a bassa temperatura, gli alimenti non hanno bisogni di condimenti poiché mantengono i loro succhi e i loro grassi.

Ma se si vuole insaporirli ancora di più, si possono utilizzare piccole quantità di aromi, spezie, un pizzico di sale, un filo d'olio o se si preferisce una marinatura.

In questo modo non solo si insaporiranno gli alimenti, ma in presenza di un condimento liquido, come l'olio, gli alimenti rimarranno separati tra di loro.

Non appena avrete imbustato l'alimento insieme a suoi aromi e l'olio o la marinatura, chiudere con molta attenzione, fare fuoriuscire l'aria e chiudere la busta.

Immergerla nell'acqua calda, che nel frattempo è arrivata a temperatura, lasciando la parte con la zip per la chiusura fuori la pentola.

Potete utilizzare delle pinze, in modo da bloccare il lato della busta con la zip, sul bordo della pentola, in modo da non far entrare l'acqua dentro la busta o farla galleggiare per tutta la pentola.

Un trucco da poter utilizzare per non far galleggiare la busta e garantire una cottura uniforme dell'alimento, è quello di inserire una forchetta o un cucchiaio prima di chiudere la busta.

In questo modo si avrà un peso che terrà ferma la busta e garantirà una cottura omogenea e uniforme dell'alimento.

Una volta immersa la busta, basterà che coprire la pentola con il coperchio e non preoccupatevi se non riuscirete a chiuderlo a causa della busta e del termometro.

Di tanto in tanto dovrete controllare la temperatura dell'acqua mantenendola sempre costante per tutto il tempo necessario alla cottura dell'alimento.

Le temperature e i tempi di cottura variano in base alle dimensioni dell'alimento, per esempio, una bistecca di medio spessore richiederà una cottura di circa 3 massimo 4 ore a una temperatura costante di 55 gradi.

Se lo spesso della bistecca sarà più grande il tempo di cottura si potrà prolungare arrivando anche a 24 massimo 72 ore a una temperatura di 60 gradi.

Mentre se si vorrà cuocere un trancio di pesce che richiederà una cottura di 15 minuti a una temperatura di 60 gradi.

I tempi e le temperature esatte per ogni alimento sono indicati su molte tabelle che potete trovare anche sul web.

Una volta acquisita l'esperienza, imparerete i tempi di cottura e le temperature giuste per ottenere la giusta cottura degli alimenti.

In ogni caso, se un alimento cuocerà più tempo del dovuto, non preoccupatevi, l'alimento rimarrà comunque morbio e non si rischierà di stracuocerlo.

L'importante è che l'alimento raggiunga una temperatura di almeno 55 gradi anche al cuore e che la mantenga per un lasso di tempo prolungato, per evitare il proliferare dei batteri.

Come ultimo passaggio, se lo gradite, nel caso di alcuni alimenti come la carne, potete passarli in una padella molto calda per alcuni minuti, in modo da formare una crosticina croccante e sparita.

Capitolo 5

Cosa possiamo cucinare con la CBT

Con la cottura a bassa temperatura possiamo cucinare praticamente tutti gli alimenti, la carne in particolare è uno degli alimenti che ne trae più vantaggio.

Se cuciniamo un taglio di carne morbida, con la cottura a bassa temperatura si avrà una carne tenera e gustosa.

Se si utilizzerà un taglio di carne più duro, la cottura a bassa temperatura, grazie alle tante ore che si impiegano per la cottura, la carne assumerà una consistenza tenera e morbida.

La cottura a bassa temperatura è un ottimo metodo anche per cucinare il pesce, che manterrà tutti i suoi succhi e una consistenza morbida e compatta.

Il pesce come il polpo, le seppie, i calamari e in particolare il salmone, che è tra tutti i pesci, il più adatto a questo tipo di cottura.

Il salmone, non ha bisogno di rosolatura, in questo modo conserverà il sapore e il suo profumo originale.

Anche i molluschi e i crostacei cotti a bassa temperatura, mantengono la loro consistenza e la loro morbidezza, che spesso con la cottura tradizionale perdono, diventando duri e stopposi.

Le verdura cotte a basse temperature mantengono non solo il loro sapore ma anche la consistenza e il loro colore, specialmente se cuociano le carote e rape e in generale tutte le verdure a radici.

La frutta e in particolar modo le mele, le pere, le banae e l'ananas sono ottimi ingredienti da utilizzare nella cottura a bassa temperatura.

Praticamente, con la cottura a bassa temperatura, possiamo cucinare tutti gli alimenti che più ci piacciano.

La carne che sia magra o grassa, tenere o un po' più fibrosa, acquisterà sapore e morbidezza, possiamo utilizzare qualsiasi tipo e taglio di carne nelle nostre ricette, come per esempio, lo stinco, il carré d'agnello, le costine o l'ossobuco.

Grazie a questo tipo di cottura la carne manterrà tutti i suoi succhi, garantendo una morbidezza e una consistenza ottima anche per i tagli di carne più duri.

Anche per i tagli di carne più magra come il magatello o filetto di maiale, la CBT renderà questi tagli morbidi e succosi.

Forse gli unici tagli di carne che non traggono grandi benefici dalla cottura a bassa temperatura, sono quei pezzi di carne che richiedono delle cotture veloci come il filetto, il controfiletto e la noce e che quindi possiamo comodamente cuocere in padella o alla piastra.

Qui di seguito sono riportati alcuni esempi di temperatura e tempistiche per la cottura di alcuni alimenti, ma questi dati, sono solo indicativi, in quanto dobbiamo tener conto di molti fattori.

Dobbiamo tener conto del peso e dello spessore degli alimenti, della temperatura che hanno al momento della cottura, in quanto se sono stati abbattuti, avranno una temperatura diversa da un alimento che è stato a temperatura ambiente per diverse ore.

Di conseguenza anche i tempi e le temperature di cottura possono variare.

Ecco alcuni esempi per quanto riguarda la carne:

- Stinco intero di maiale cuocere a 65 °C per 5 ore.
- Costine di maiale cuocere a 65 °C per 3,30 ore.
- Carrè di agnello cuocere a 70 °C per 18 ore.

- Ossobuco di manzo cuocere a 70 °C per 4,30 ore.
- Magatello di vitello di circa 1,2 Kg cuocere a 65 °C per 8 ore.

Per quanto riguarda il pesce i molluschi e i crostacei, anche qui, i tempi e le temperature di cottura possono variare in base allo spessore, il peso e la temperatura iniziale dell'alimento prima della cottura a bassa temperatura.

Ecco alcuni esempi:

- Polpo intero cuocere a 75 °C per 1 ora e 40 minuti.
- Seppie intere cuocere a 65 °C per 15 minuti.
- Calamari interi cuocere a 60 °C per 12 minuti.
- Pesce intero di circa 500g cuocere a 65 °C per 20 ore.
- Filetto di pesce di circa 200 g cuocere a 70 °C per 8 ore.

- Trancio di pesce di circa 200 g cuocere a 70 °C per 15 ore.

Per le verdure e gli ortaggi come carciofi, asparagi, fagiolini, taccole, verze, cavolo cappuccio, la cottura a bassa temperatura fa sì che si conservino tutte le vitamine e i sali contenuti negli alimenti rendendoli teneri.

Ecco alcuni esempi:

- Carciofi cuocere a 65 °C per 16 minuti.
- Asparagi e taccole cuocere a 65 °C per 8 minuti.
- Fagiolini cuocere a 65 °C per 20 minuti.
- Verza, radicchio e cavolo cuocere a 70 °C per 20 minuti.

Non utilizzando soffritti e grassi aggiunti, ma soltanto spezie e un filo d'olio per la marinatura, con la cottura a bassa temperatura si possono realizzare tutte le ricette della cucina tradizionale e non tradizionale, ma in versione più leggere e salutare.

Si possono realizzare molte ricette, come gli involti, l'arrosto e tutte le ricette desiderate, sicuramente impiegherete diverse ore per la cottura, ma basterà inserire l'alimento nel sacchetto sottovuoto, avviare il roner prima di andare a dormire per avere piatti squisiti e gustosi.

Le fasi della CBT

Per effettuare la cottura a bassa temperatura bastano tre semplici passaggi:

- la preparazione e la chiusura della busta;
- la cottura in acqua calda;
- la finitura.

Prima di inserire dentro la busta di plastica l'alimento, si possono utilizzare aromi, spezie e marinatura per dare più sapore.

Un consiglio molto utile, è quello di utilizzare l'aglio in polvere piuttosto che quello fresco, per non conferire un sapore troppo accentuato agli alimenti.

Se per esempio, volete cucinare un contorno per accompagnare l'alimento, bisognerà cuocerlo a parte, poiché gli ortaggi hanno un tempo di cottura maggiore della carne o del pesce.

Una volta condito o marinato l'alimento, inserirlo dentro una busta di plastica per il sottovuoto e con la macchina ad estrazione o quella a campana, procedere a fare fuoriuscire l'aria.

Quando si inserisce l'alimento nella busta, se si dispone di più pezzi, bisognerà stare attenti a non sovrapporli, per uniformare la cottura, estrarre l'aria e sigillare la busta.

Sigillata la busta, si inserisce dentro l'acqua calda per effettuare la cottura, le temperature dell'acqua variano tra i 50 e i 70 gradi centigradi, a seconda dell'alimento che si vuole cucinare.

Quando l'acqua avrà raggiunto la temperatura adatta alla cottura dell'alimento, immergete la busta, facendo attenzione di tenere una temperatura costante per il tempo necessario.

Essendo una cottura a bassa temperatura, qualsiasi alimenti si voglia cucinare, i tempi di cottura saranno molto più lunghi rispetto a una cottura tradizionale.

Per esempio, una bistecca avrà bisogno di una temperatura di 40 massimo 50 gradi per un tempo che può variare dalle 6 alle 14 ore per la cottura in base alla pezzatura.

Un petto di pollo richiederà una cottura a una temperatura di 65 massimo 74 gradi per circa 2 massimo 3 ore.

Non appena l'alimento sarà cotto, bisognerà estrarre subito la busta dall'acqua calda e immergerlo in acqua e ghiaccio o in abbattitore per avere una temperatura che potrà variare dai +3 ai -18 gradi.

Questo passaggio deve essere effettuato a prescindere se l'alimento verrà consumato immediatamente o no, per facilitare la finitura.

Appena si apre la busta e si estrae l'alimento, basterà passarlo in padella, nel caso in cui si tratti di una bistecca, o in forno, per portare l'alimento a temperatura.

Il passaggio in padella, inoltre, darà modo di attivare la reazione di Maillard che permetterà di formare quella gustosa e croccante crosticina.

La marinatura

Come abbiamo già detto, con la cottura a bassa temperatura, si possono utilizzare spezie, aromi e marinature per condire gli alimenti, limitando le quantità.

Inserendo l'alimento insieme alla marinatura nella busta di plastica e creando il sottovuoto si ha una maggiore aderenza dei condimenti agli alimenti amplificando maggiormente i sapori.

Questo è un ottimo vantaggio, in quanto si dovranno utilizzare quantità minime per realizzare le marinature, per esempio per marinare un filetto di manzo nel barolo, basterà qualche cucchiaio, ottenendo lo stesso risultato di una marinatura tradizionale.

La pressione creata dall'eliminazione dell'aria per creare il sottovuoto, per la cottura a bassa temperatura, favorisce ai liquidi, le erbe aromatiche e spezie, di infiltrarsi all'interno delle fibre degli alimenti.

Bisognerà fare molta attenzione ad utilizzare sacchetti di plastica adatti alla conservazione e alla cottura e non solo alla conservazione.

Grazie alla quasi assenza totale dell'aria, possiamo utilizzare qualsiasi ingrediente per marinare la carne, vino, liquori vari come il whisky, riduzioni, brodi e infusi e qualsiasi liquido adatto alla marinatura.

Il vantaggio della CBT è che ne basteranno quantità davvero minime per conferire un sapore davvero particolare e gustoso agli alimenti, specialmente per quanto riguarda la carne e il pesce.

Se non si ha una marinatura o dei condimenti liquidi, bisognerà riempire per almeno i due terzi il sacchetto per alimenti se vogliamo cucinare un alimento asciutto.

Per ottenere un'ottima marinatura all'interno del sacchetto sottovuoto, o se vogliamo cuocere alimenti contenti liquidi, bisognerà riempire per non più della metà la busta di plastica.

Infine, bisognerà fare molta attenzione ad utilizzare condimenti come il sale, le spezie, aggiungere grassi e oli vari, per non eccedere con i sapori e rovinare la cottura dell'alimento.

Capitolo 6

Come cuocere gli alimenti con la CBT

Adesso che sappiamo cos'è, come funziona la cottura a bassa temperatura e gli alimenti che si possono cucinare, andiamo a vedere un po' come procedere per realizzare una cottura CBT.

Prima di tutto si deve scegliere con attenzione la busta da utilizzare, in base alle dimensioni dell'alimento e se sono presenti liquidi, come marinature o condimenti vari.

Dobbiamo ricordarci sempre di utilizzare delle buste adatte all'alimento che stiamo cucinando, deve riuscire a contenerlo, per poterlo riporre nel modo giusto, senza sovrapporlo per non compromettere la cottura.

Se l'alimento non ha una marinatura o dei condimenti liquidi, bisognerà riempire per almeno i due terzi il sacchetto, al contrario, bisognerà riempirlo per almeno la metà per non fare fuoriuscire i liquidi contenuti nella busta.

Una volta posizionato correttamente l'alimento dentro la busta, si dovrà passare alla chiusura e al sottovuoto.

Come abbiamo già detto, esistono sul mercato diverse tipologie di macchine per il sottovuoto.

Qualsiasi macchina si utilizza per il sottovuoto, ricordarsi sempre si fare attenzione a non sporcare la macchina e i bordi del sacchetto con eventuali liquidi che possono fuoriuscire.

Queste accortezze servono per non compromettere la chiusura della busta di plastica e la cottura dell'alimento.

Adesso che l'alimento è nella busta chiusa sottovuoto, si può immergere nella vasca di cottura, o pentole particolari per la cottura a bassa temperatura.

La temperatura dell'acqua viene mantenuta costante, grazie al roner.

Il roner è uno strumento che si immerge nell'acqua e permettere di arrivare e mantenere la temperatura costante.

Grazie alla sua resistenza riesce a riscaldare l'acqua, in modo da disattivarsi quando viene raggiunta la temperatura impostata e riattivarsi se si dovesse abbassare.

I tempi di cottura per la CBT sono molto più lunghi di una cottura tradizionale in padella o sulla griglia, quindi ci vorrà un po' di pazienza.

Una volta cotto l'alimento, non rimarrà che estrarlo dalla vasca di cottura ed immergerlo in acqua e ghiaccio per bloccare la cottura o in abbattitore, se ne avete uno in casa.

A questo punto, potete conservare l'alimento, per consumarlo in un secondo momento, ponendolo in frigo o congelarlo in freezer.

Oppure, tiralo fuori dalla busta l'alimento, passarlo qualche minuto sulla padella molto calda per dare una rosolatura e servire.

Temperature e tempi di cottura della CBT

Come abbiamo già detto, i tempi per quanto riguarda la cottura bassa temperatura sono molto lunghi, questo dipende soprattutto dallo spessore della carne e dalla sua temperatura iniziale.

Un taglio di carne molto grosso, per esempio può impiegare anche più di 24 ore di cottura a una temperatura di 75 gradi, mentre una più piccola come una tagliata, può impiegare anche un'ora circa di cottura a una temperatura di 50 gradi.

A volte, alcuni alimenti, vengono rosolati prima della cottura a bassa temperatura, come per esempio il bollito, nel caso della carne.

Altri alimenti, invece, come la tagliata, vengono rosolati sulla piastra o sulla griglia anche dopo la cottura a bassa temperatura.

Da qui nasce il vero problema delle tabelle che indicano le temperature per avere una buona cottura dell'alimento.

Se gli alimenti vengono rosolati prima della cottura a bassa temperatura, partono da una temperatura differente, rispetto a un alimento che è stato preso direttamente dal frigo o tenuto per un po' di tempo a temperatura ambiente.

Per questo è sempre bene utilizzare un termometro, per verificare l'effettiva temperatura raggiunta in cottura e i tempi di cottura, che potranno essere differenti da quelli indicati nelle varie tabelle.

Le tabelle che si trovano online, sono in ogni caso, il risultato di prove che sono state effettuate per raggiungere la cottura ottimale degli alimenti.

Quindi è consigliabile, se siete alle prime armi, di seguire le indicazioni riportate nelle tabelle, ma fate delle prove e verificate voi stessi, e se è il caso, modificate quei dati, a secondo dei risultati ottenuti.

Tabella con temperatura e tempi di cottura

Qui di seguito troverete una tabella con le temperature e i tempi di cottura, come già detto i tempi non cambiano in base al peso ma allo spessore dell'alimento.

Per capire come funziona, basterà pensare che una bistecca di 300 grammi, cuocerà nello stesso tempo di una bistecca di 800 grammi.

La spiegazione è molto semplice, non è importante il peso, ma lo spessore dell'alimento, per capire quanto il calore impiegherà a per arrivare al cuore dell'alimento.

ecco spiegato il motivo per cui è importante per calcolare il tempo di cottura di un alimento, lo spessore piuttosto che il peso.

Importante è anche l'indicazione della temperatura, che può variare a seconda della cottura, per esempio se vogliamo una bistecca al sangue, si dovrà cuocere a una cerca temperatura, se si desidera un po' più cotta basterà aumentare la temperatura di qualche grado.

Se invece desideriamo una bistecca ben cotta si dovranno alzare ancora di più i gradi per la cottura senza superare i 75° C per non rischiare di compromettere la cottura della carne. Quindi i tempi di cottura variano dallo spessore della carne, ma non solo, poiché dobbiamo tenere conto anche della temperatura che in quel momento ha l'alimento.

La temperatura iniziale dell'alimento, infatti, può variare in base a dove è stata conservata prima della cottura, se è stata conservata in freezer, avrà una temperatura iniziale differente dalla conservazione in frigo o se è stata tenuta a temperatura ambiente per un po' di tempo.

Ecco perché queste tabelle sono da tenere in considerazione, ma dobbiamo anche considerare lo spessore e la temperatura iniziale dell'alimento, il consiglio è quello di fare delle prove. attenendosi alle tabelle e poi variare in base alle vostre preferenze di cottura.

CIBO	TEMPERATURE	TEMPI
CARNE		
Costina di vitello	70° C / 158° F	12 ore
Cuore di vitello	80° C / 176° F	24 ore
Fegato di vitello	65° C / 149° F	1 ora
Agnello coscia	da 60° C / 140° F in su	24 - 48 ore
Carrè di agnello	60° C / 140° F	35 min.
Collo di agnello	80° C / 176° F	16 ore
Costolette	56° C / 133° F	48 - 72 ore
Garretto di vitello	80° C / 176° F	16 ore
Filetto di maiale	da 60° C / 140° F in su	1 - 2 ore
Braciole di maiale	da 60° C / 140° F in su	6 - 8 ore
Cotoletta di maiale	65° C / 149° F	1 ora
Girello di maiale	65° C / 149° F	16 ore
Costina di maiale	80° C / 176° F	18 ore
Costina di vitello	70° C / 158° F	12h
Cotoletta di maiale	65° C / 149° F	1h

Cuore di vitello	80° C / 176° F	24h
Fegato di vitello	65° C / 149° F	1h
Filetto d'anatra	65° C / 149° F	50 min.
Filetto d'anatra	65° C / 149° F	25 min.
Foie gras	65° C / 149° F	30 min.
Gallina poulard	62° C / 144° F	1 ora e 30 min.
Garretto di vitello	80° C / 176° F	16 ore
Girello di maiale	65° C / 149° F	16ore
Guance di maiale	80° C / 176° F	18 ore
Guanciale di maiale	80° C / 176° F	8 ore
Guanciale di vitello	80° C / 176° F	14 - 18 min.
Hamburger	65° C / 149° F	25 min.
Lingua di vitello	90° C / 194° F	8h
Lombata 220 gr 4 cm	70° C / 158° F	15 min.
Lombata (media cottura) 220 gr 4 cm	70° C / 158° F	8 min.
Lombata (ben cotta) 220 gr 4 cm	70° C / 158° F	20 min.
Lombata (al sangue) 220 gr 4	70° C / 158° F	10 min.
Maialino da latte	80° C / 176° F	12 ore
Marinata di quaglia	90° C / 194° F	3 ore
Muso - orecchio di maiale	80° C / 176° F	18 ore

Pancetta di maiale	80° C / 176° F	10 ore
Pernice ripiena	65° C / 149° F	1 ora
Petto di gallina poulard	62° C / 144° F	1 ora e 30 min.
Petto di piccione	65° C / 149° F	15 min.
Petto di pollo	65° C / 149° F	35 min.
Petto di pollo ruspante	65° C / 149° F	50 min.
Piede di maiale	80° C / 176° F	18 ore
Rognone di vitello	85° C / 185° F	1ora e 30 min.
Spalla d'agnello	80° C / 176° F	18 ore
Spalla di capretto	80° C / 176° F	10 ore
Stufato di bue	80° C / 176° F	16 ore
Terrina di bacon e costine di coniglio	65° C / 149° F	12 min.
Trippa di vitello	82° C / 180° F	8 ore
Coscia di pernice	80° C / 176° F	6 ore
Coscia di piccione	80° C / 176° F	2 ore e 30 min.
Coscia di pollo	80° C / 176° F	2 ore
Coscia di tacchino	75° C / 167° F	4h
Cosciotto di maiale	80° C / 176° F	10h

PESCE

Pesce bianco, tonno	da 52° C / 125° F in su	30 min.
Anguilla	59° C / 138° F	10 min.
Calamaro	65° C / 149° F	25 min.
Cernia	65° C / 149° F	7 min.
Fegato di rana pescatrice	55° C / 131° F	14 min.
Merluzzo	65° C / 149° F	30 min.
Nasello	60° C / 140° F	12 min.
Pesce spada	50° C / 122° F	12 – 15 min.
Rana pescatrice	60° C / 140° F	12 min.
Razza	55° C / 131° F	12 min.
Salmone	65° C / 149° F	14 min.
Seppia	64° C / 147° F	10 ore
Sgombro	55° C / 131° F	12 min.
Sogliola	56° C / 133° F	20 min.
Spigola	56° C / 133° F	12 min.
Storione	61° C / 142° F	16 min.
Sugarello	55° C / 131° F	18 min.
Tonno	50° C / 122° F	11 min.
Triglia	55° C / 131° F	5 min.

Ventresca di palamita	50° C / 122° F	8 min.
Cannolicchi	65° C / 149° F	5 min.
Cozze	65° C / 149° F	5 min.
Gambero rosso	65° C / 149° F	7 min.
Ostriche	85° C / 185° F	4 min.
Polpo	77° C / 171° F	2 min.
Vongole	90° C / 194° F	2 min.

VERDURA

Patata dolce	90° C / 194° F	50 min.
Patata intera	85° C / 185° F	3 ore
Patata guarnizione	90° C / 194° F	50 min.
Peperone	90° C / 194° F	50 min.
Piselli surgelati	85° C / 185° F	15 min.
Rabarbaro	61° C / 142° F	1 ora
Rapa	85° C / 185° F	20 – 40 min.
Ravanelli	85° C / 185° F	5 min.
Sedano rapa	85° C / 185° F	30 min.
Spinaci	85° C / 185° F	15 min.
Zucca	85° C / 185° F	12 – 25 min.

Zucchina	85° C / 185° F	14 – 15 min.
Aglio	85° C / 185° F	15 min.
Asparagi bianchi	85° C / 185° F	10 – 25 min.
Asparagi verdi	85° C / 185° F	24 min.
Barbabietola	85° C / 185° F	2 min.
Bietola	85° C / 185° F	15 min.
Carciofo	85° C / 185° F	25 – 45 min.
Carota	85° C / 185° F	45 – 55 min.
Cavolfiore	85° C / 185° F	40 min.
Cipolla	85° C / 185° F	30 min.
Fave surgelate	85° C / 185° F	20 min.
Finocchio	85° C / 185° F	50 min.
Funghi	85° C / 185° F	15 min.
Mela cotogna	85° C / 185° F	45 min.
Pak choy	85° C / 185° F	6 min.
Pastinaca	85° C / 185° F	10 min.

FRUTTA

Ananas	80° C / 176° F	30 min.
Banana	65° C / 149° F	2 ore
Cachi	83° C / 181° F	35 min.

Ciliegia	83° C / 181° F	20 min.
Cocco	83° C / 181° F	40 min.
Cocomero	65° C / 149° F	20 min.
Crema inglese	83° C / 181° F	20 min.
Fichi	63° C / 145° F	40 min.
Kiwi	80° C / 176° F	20 min.
Mela	85° C / 185° F	12 min.
Melone	65° C / 149° F	20 min.
Papaia	64° C / 147° F	45 min.
Pesca sciroppata	80° C / 176° F	45 min.
Prugna	65° C / 149° F	20 min.

UOVA

Cremoso (cottura veloce)	75° C / 167° F	13 min.
Cremoso (cottura lenta)	65° C / 149° F	60 min.
Fluido	63° C / 145° F	60 min.
Pastorizzato	55° C / 131° F	2 ore

Capitolo 7

Conservare gli alimenti dopo la CBT

Una volta cotti gli alimenti con la CBT, gli alimenti, devono essere abbattuti, ponendoli in abbattitore, o se si non si possiede un abbattitore, in acqua e ghiaccio.

Una volta effettuato questo procedimento, si può aprire la busta sottovuoto e consumare i cibi.

Se l'alimento non viene consumato immediatamente, allora è bene non aprire la busta, ma etichettarlo, indicando il giorno in cui è stato cotto, cos'è, la temperatura e il tempo di cottura, se volete, potete anche indicare nell'etichetta i condimenti che sono stati utilizzati in cottura.

Porre l'alimento in abbattitore o acqua e ghiaccio, servirà non solo a bloccare la cottura, ma soprattutto a evitare il proliferare dei batteri che si possono formare sull'alimento.

una volta abbattuto, si può procedere alla conservazione dell'alimento, se si decide di conservarlo in frigorifero la temperatura deve essere di +3° C.

Se invece, si vuole congelare l'alimento, allora bisognerà metterlo in freezer ad una temperatura di -18° C.

Conservando l'alimento in freezer, si potrà mantenere fino a sei mesi dopo la cottura.

L'utilità del sottovuoto

Possiamo conservare qualsiasi tipo di cibo cucinato, come le zuppe, le minestre, la carne, il pesce e addirittura anche le lasagne.

Possiamo conservare più a lungo qualsiasi alimento grazie al sottovuoto e tenerlo in frigo, senza bisogno di conservarlo in freezer.

Per esempio, si può conservare lo spezzatino per 4 o 5 giorni in frigo, addirittura il ragù può essere conservato per almeno 2 settimane.

Per quanto riguarda gli alimenti che vengono sottoposto al processo del sottovuoto, si mantengono più a lungo rispetto ad alimenti che vengono congelati normalmente.

Questo avviene perché, anche da congelati, gli alimenti subiscono il processo di deterioramento, poiché il congelamento rallenta questo processo non lo blocca.

Quindi dopo pochi mesi, gli alimenti congelati, soprattutto quelli che contengono grassi, come la carne e alcuni tipi di pesce, inizieranno a deteriorarsi dopo qualche mese.

Posti sottovuoto e congelati in freezer, gli stessi alimenti si potranno conservare per il doppio del tempo.

La seguente tabella, indica i tempi di conservazione sottovuoto:

Tabella tempi di conservazione
Temperatura ambiente +20/+25°C

Alimento	Non sottovuoto	Sottovuoto
Pane	2 giorni	8 giorni
Riso	150 giorni	365 giorni
Biscotti Secchi	150 giorni	365 giorni
Frutta secca	120 giorni	365 giorni
Caffè	60 giorni	365 giorni
Farina, Zucchero, Latte in polvere	120 giorni	365 giorni

Refrigeratura Temperatura +3 / +5° C

Alimento	Non sottovuoto	Sottovuoto
Carni rosse e bianche	2 - 3 giorni	6 - 8 giorni
Pesce	1 - 3 giorni	4 - 6 giorni
Salumi affettati	3 - 5 giorni	15 - 20 giorni
Salumi stagionati	15 - 20 giorni	150 - 180 giorni
Ortaggi	2 - 3 giorni	7 - 9 giorni

Alimento	Non sottovuoto	Sottovuoto
Frutta	4 - 6 giorni	15 - 20 giorni
Formaggi molli	4 - 6 giorni	15 - 20 giorni
Formaggi duri	14 - 18 giorni	30 - 60 giorni
Parmigiano	20 giorni	60 giorni
Verdure crude	5 - 10 giorni	14 - 30 giorni
Passati di Verdure	2 - 3 giorni	14 - 30 giorni
Carne cotta	3 - 5 giorni	10 - 15 giorni
Pasta/risotti/lasagne	2 - 3 giorni	6 - 10 giorni
Pasta fresca	3 - 5 giorni	16 - 20 giorni
Dolci (tipo crostata)	3 - 5 giorni	12 - 15 giorni
Minestrone	2 - 3 giorni	6 - 8 giorni

Congelamento Temperatura -18/-20°C

Alimento	Non sottovuoto	Sottovuoto
Carni	3 - 5 mesi	10 - 15 mesi
Pesci	2 - 3 mesi	9 - 12 mesi
Frutta e verdura	7 - 9 mesi	15 - 20 mesi

Rigenerazione degli alimenti

Quando l'alimento viene cotto con la CBT, si passa subito in abbattitore o in acqua e ghiaccio per bloccare la cottura ed evitare il proliferare dei batteri.

Se non si vuole consumare immediatamente, come abbiamo detto, basterà conservarlo in frigo o in freezer e si manterrà per diverso tempo.

Ma come devo fare per portarlo a una temperatura accettabile per servirlo e consumarlo?

Al momento di consumare l'alimento, si dovrà effettuare la rigenerazione, per fare in modo da riportarlo a una temperatura tale da poterlo mangiare.

Ecco perché è importante indicare nell'etichetta anche la temperatura utilizzata per la cottura del prodotto, in modo da non superarla nel processo di rigenerazione.

Per la rigenerazione dell'alimento, basterà conoscere la temperatura che è stata impiegata per la cottura, in modo da utilizzare una temperatura più bassa per il processo di rigenerazione.

Una volta rigenerato l'alimento può essere servito anche a una temperatura diversa dalla rigenerazione.

Se si desidera prima di servire e consumare, l'alimento, può essere passato per pochi minuti in padella, sulla piastra o in forno, a condizione di non superare la temperatura iniziale di cottura al cuore del prodotto.

Conclusione

Siamo giunti alla conclusione di questo libro, dove si è cercato di approfondire uno dei metodi di cottura per gli alimenti più salutare e utilizzato dell'ultimo periodo.

Chiamato cottura a bassa temperatura o semplicemente CBT, cottura sottovuoto cottura sous vide o cottura a bassa temperatura sottovuoto, è uno dei metodi di cottura che lascia le proprietà organolettiche e non solo dell'alimento inalterate.

Questo tipo di cottura garantisce una cottura dolce lasciando i cibi morbidi e succosi, esaltando il loro sapore senza l'aggiunto di condimenti, come il sale.

Facile da realizzare, una volta che si sarà acquisita un po' di esperienza, sarete in grado di cucinare piatti deliziosi e di alta qualità.

basterà acquisire dimestichezza con l'utilizzo delle macchine e la gestione del tempo e delle cotture e questo metodo di cottura non avrà più segreti per voi!

RICETTARIO

Ricettario

Questo ricettario nasce dalla voglia di informare e far vedere a tutte le persone interessate o semplicemente incuriosite dalla cucina CBT, che è possibile cucinare e preparare ottimi piatti con questo antico e allo stesso tempo nuovo metodo di cucina.

Ho definito la cucina CBT vecchia perché se andiamo a ricercarne l'origine, troviamo che questa tecnica di cottura fu scoperta dal conte Rumford, tra gli anni 70 e gli anni 90, e introdotta in seguito nell'industria alimentare, dove venne studiata e migliorata negli anni fino ad approdare nelle cucine di famosi chef stellati, rendendola sempre più nota e popolare, fino a farla arrivare nelle nostre case.

Questa tecnica di cottura ha bisogno però di alcuni piccoli ma importanti accorgimenti, per ottenere davvero un ottimo e soddisfacente risultato.

1. La qualità delle materie prime è molto importante quando si usa la tecnica CBT, quindi prestate sempre molta attenzione a reperire sempre alimenti di ottima qualità.

2. Utilizzo di attrezzature specifiche, come ad esempio una macchina per il sottovuoto a campana, che riescono a raggiungere una percentuale di vuoto pari al 99,99%, che permette un'elevata trasmissione termica e una cottura omogenea. Un altro strumento utilissimo e che vi agevolerà moltissimo nella preparazione di cibi con cottura a bassa temperatura è il roner, un particolare strumento da cucina che serve per impostare e mantenere una data temperatura di un liquido, in modo da far cuocere in maniera costante ed omogenea ogni cibo.

3. Prendere come riferimento le tabelle che si trovano sul web, in cui sono

indicati i tempi e la temperatura di cottura di ogni cibo, che risultano un ottimo punto di partenza per chi inizia a usare questa tecnica per cucinare.

Queste sono le cose da tener presente se si inizia a cucinare con la tecnica CBT, e se non si tengono presenti queste piccole regole, il risultato che avrete non sarà dei migliori.

Dopo questa piccola introduzione iniziate a mettere il grembiule da cucina e iniziate a mettere in pratica tutte le squisite ricette che trovate di seguito.

Filetto di maiale

In questa prima ricetta viene proposto il filetto di maiale, con l'uso della cottura sottovuoto che riesce a concentrare ed equilibrare tutti i sapori che grazie al sottovuoto riescono a penetrare la carne e insaporirla.

Attraverso questo metodo riuscirete ad ottenere una carne morbida, che cotta con le normali modalità non avrebbe questa consistenza. Questo risultato è possibile ottenerlo impostando una corretta temperatura, facendo in modo che non si snaturino le proteine dell'alimento, in modo da trattenere i succhi.

Ricordatevi di cercare di acquistare sempre alimenti di provenienza biologica, per avere una maggiore qualità e di usare una macchina per il sottovuoto a campana, per essere certi di ottenere un risultato davvero soddisfacente.

Vediamo ora gli ingredienti e il procedimento

da seguire per cuocere il vostro filetto di maiale.

Ingredienti per due persone:

- N.2 filetti di maiale da 200g ciascuno;
- N.2 cucchiai di olio extravergine di oliva;
- 1 spicchio di aglio;
- Rosmarino;
- Sale q.b.;
- Pepe q.b.;

Preparazione:

Iniziate prendendo una padella antiaderente, versateci i due cucchiai di olio extra vergine di oliva e uno spicchio di aglio diviso a metà. Avviate a fiamma media e fate soffriggere per alcuni minuti l'aglio in modo che l'olio ne catturi il sapore.

Dopo aver fatto soffriggere per alcuni minuti, potete spegnere e con un cucchiaio togliere gli spicchi di aglio e lasciate raffreddare.

Ora prendete i due filetti di maiale e adagiateli su un tagliere, cospargetelo con una spolverata di sale e pepe dappertutto, ai lateralmente, dopodiché prendete l'olio che avete fatto insaporire con l'aglio, e iniziate a versarlo sul filetto iniziando a massaggiare la carne con le mani per fargli assorbire l'olio.

Infine prendete del rosmarino e cospargete anch'esso sui filetti per completare l'aromatizzazione.

A questo punto dopo aver preparato i vostri filetti di maiale e averli conditi e aromatizzati per bene, prendete un sacchetto per il sottovuoto e rivoltate all'incirca 4 o 5 cm di bordo verso l'eterno per evitare di andare a sporcare la parte alta del sacchetto che potrebbe compromettere poi il risultato finale. Inserite a questo punto i filetti di maiale facendoli arrivare sul fondo della busta, poi ripulitevi le mani e rivoltate i bordi per farli tornare com'erano in origine.

Ora premete bene e inserite la busta nella macchina per il sottovuoto e avviatela.

Ora che il filetto è sottovuoto procedete alla cottura.

Prendete un tegame di ceramica che abbia almeno un'altezza di minima di 20cm e agganciateci sopra il roner, e iniziate a riempirlo di acqua regolandovi con gli indicatori posti sul fusto del roner che indicano il livello minimo e quello massimo in cui deve trovarsi il livello dell'acqua.

Quando avrete riempito con la giusta quantità di acqua andate ad impostate sul roner una temperatura di 62°C e un tempo di 2 ore.

Quando l'acqua avrà raggiunto questa temperatura ponete nel tegame il filetto sottovuoto e fatelo adagiare sul fondo, aiutandovi con un mestolo, in modo che sia completamente sommerso dall'acqua.

Prendete poi una pellicola per alimenti e

andate a coprire e sigillare il tegame in modo da evitare che l'acqua evapori, altrimenti dovrete rabboccare con altra acqua andando ad abbassare la temperatura raggiunta e andando a modificare i tempi di cottura.

Passate le due ora andate a spegnere il roner e tirate fuori il sacchetto sottovuoto, per poi andarlo ad immergere in una ciotola contenete dell'acqua fredda, pre far raffreddare il tutto.

Quando la busta del sottovuoto contenente il filetto si sarà completamente raffreddata andate e tagliarla facendo cadere i succhi accumulati in una ciotola.

Estraete i filetti e poneteli su un tagliere e andate a tamponare con della carta assorbente, senza premere eccessivamente.

Mettete a scaldare una padella per una decina di minuti per farla diventare ben calda, poi disponeteci sopra i filetti e fateli scottare per due minuti su ogni lato per darle una doratura, dopodiché rimuovetela e mettetela il un piatto.

Prendete la ciotola in cui avete raccolto i succhi contenuti nel sottovuoto del filetto e versatelo nella padella dove avete scottato la carne, aggiungeteci un po' di vino bianco e un cucchiaio di olio extravergine di oliva, e fatelo svaporare fino a renderlo una salsina.

Ora tagliate il filetto nel piatto e conditelo con la salsa preparata, poi servite e degustate.

Filetto di maiale marinato

Ecco a voi un'altra ricetta per preparare un morbido e saporito filetto di maiale marinato, utilizzando una marinatura di circa 15/20 minuti, che andrà a rendere la carne un mix di sapori, da far impazzire il vostro palato.

Ricordatevi sempre di utilizzare la strumentazione adatta e soprattutto della carne di alta qualità proveniente da allevamenti bio.

Ingredienti:

- N.1 filetti di maiale da 200g;
- N.2 cucchiai di olio extravergine di oliva;
- 1 spicchio di aglio;
- Rosmarino;
- Sale q.b.;
- Pepe rosa q.b.;

Preparazione:

Prendete il filetto di maiale a disponetelo su un tagliere, poi iniziate a tagliarlo ottenendo dei pezzi di medie dimensioni.

In una ciotola versate i due cucchiai di olio, il sale e il pepe rosa, e uno spicchio di aglio tagliato a meta, mescolateli per bene con un cucchiaio e in seguito disponeteci il vostro filetto di maiale spezzettato. Chiudete la ciotola con un coperchio e lasciate marinare per una ventina di minuti.

Quando la marinatura sarà pronta, aprite la ciotola con il filetto marinato, prendete un sacchetto per il sottovuoto, rivoltate 5 cm di bordo verso l'eterno e andate a inserirlo nella busta per il sottovuoto, sempre cercando di farlo arrivare sul fondo della busta, ripulitevi le mani e rivoltate i bordi per farli tornare com'erano in origine.

Ora mettete la busta del sottovuoto nella macchina e create il sottovuoto.

Prendete un tegame di ceramica che abbia almeno un'altezza di minima di 20cm, ponete sopra il roner, e iniziate a riempirlo di acqua regolandovi con gli indicatori posti sul fusto del roner che indicano il livello minimo e quello massimo in cui deve trovarsi il livello dell'acqua.

Quando avrete riempito con la giusta quantità di acqua andate ad impostate sul roner una temperatura di 60°C.

Quando l'acqua avrà raggiunto questa temperatura ponete nel tegame il filetto sottovuoto e fatelo adagiare sul fondo, per coprirlo interamente dall'acqua.

Con una pellicola per alimenti coprite e sigillate il tegame per non far evaporare l'acqua.

Passati i 60 minuti spegnete il roner e tirate fuori il sacchetto sottovuoto, e ponetelo in una ciotola contenete dell'acqua fredda, pre far raffreddare il tutto.

Mettete a scaldare una padella per una decina di minuti per farla diventare ben calda, poi disponeteci sopra il filetto a pezzi e fateli scottare per due minuti su ogni lato per darle una doratura, dopodiché rimuovetela e mettetela il un piatto.

Ora il vostro filetto di maiale in pezzi è pronto per essere servito e mangiato.

Polpo aromatizzato

Questa ricetta porterà sicuramente un piatto pieno di sapore e morbidezza, che riuscirà a conquistare tutti i vostri commensali.

È una ricetta molto semplice, anche se ha una tempistica di cottura molto lunga, ma ne varrà davvero la pena aspettare tutto il tempo necessario, soprattutto perché il risultato sarà gustoso e morbido.

Anche in questo caso come per i piatti precedenti, fate attenzione sempre ad acquistare prodotti di qualità, e usare strumenti adatti, per ottenere il risultato sperato.

Passiamo ora a vedere quali sono gli ingredienti e i procedimenti da seguire per realizzare questo fresco e delizioso piatto.

Ingredienti:

- N.1 polpo di circa 500g;
- Uno spicchio di aglio;

- Prezzemolo tritato;
- N.1 carota tagliata a pezzi;
- N.1 cucchiaio di olio extra vergine di oliva;

Preparazione:

Il procedimento per realizzare questa ricetta è molto semplice.

Iniziate prendendo il polpo, pulitelo e lavatelo per bene, e ponetelo in uno scola pasta per farlo sgocciolare bene.

Nel mentre prendete uno spicchio di aglio, pulitelo e dividetelo in quattro parti, poi adagiatelo su un piatto insieme al prezzemolo tritato e alle carote a pezzi.

Quando il polpo sarà pronto inseritelo in una busta per il sottovuoto, e versate il condimento preparato nella ciotola, cercando di cospargerlo ovunque sul polpo.

Una volta fatto procedete mettendo la busta nella macchina del sottovuoto e avviatela.

Prendete un tegame di ceramica alto più di 20cm, ponete sopra il roner, e iniziate a riempirlo di acqua regolandovi con gli indicatori posti sul fusto del roner e impostate su di esso una temperatura di 72°C.

Quando l'acqua avrà raggiunto tale temperatura procedete a immergere totalmente la busta del sottovuoto e impostate un tempo di 7 ore sul roner.

Passato tale tempo estraete la busta con il polpo e ponetelo in una ciotola con acqua fredda per farlo raffreddare, dopodiché potete estrarre il polpo, disporlo su un tagliere e tagliarlo in pezzi.

In seguito prendete una padella e dopo averla fatta riscaldare per alcuni minuti, versateci il polpo e fate saltare per 5min con un filo d'olio, poi spegnete, togliete il polpo dalla padella e disponete in un piatto.

Ora il vostro polpo è pronto per essere portato

in tavola, accompagnato ad esempio da una leggera insalata verde, o con delle patate, o ancora con dei semplici pomodorini tagliati a metà.

Salmone marinato

Il salmone marinato è una ricetta molto ricca dal unto di vista nutrizionale, perché contiene moltissime vitamine, proteine e grassi, molto essenziali per il funzionamento del nostro organismo.

La ricetta è molto semplice e gli ingredienti sono facilmente reperibili, in questo modo siete anche agevolati nel poter scegliere di acquistarli in posti di fiducia, in cui il pesce è fresco e di alta qualità.

Ingredienti:

- 200g di filetto di salmone;
- N.1 cucchiaio di zucchero;
- Prezzemolo tritato;
- N.2 cucchiai di sale;
- N.1 cucchiaio di olio extra vergine di oliva;

Preparazione:

Prendete il vostro filetto di salmone già pulito e lavato, ponetelo in una ciotola con dell'acqua, aggiungete il sale, e lo zucchero e lasciate marinare per almeno mezz'ora, e se volete anche di più.

Quando il tempo di marinatura sarà trascorso prendete il filetto adagiatelo su un tagliere e iniziate a tamponarlo con della carta assorbente, poi massaggiatelo con l'olio d'oliva in modo che venga assorbito dal salmone.

Prendete una busta per sottovuoto e inserite all'interno il filetto di salmone, dopodiché inserite nella macchina per il sottovuoto e avviatela. Adesso che la busta con il filetto di salmone sottovuoto è pronta, prendete un tegame alto più di 20cm, ponete sopra il roner, e iniziate a riempirlo di acqua e infine impostate una temperatura di 52°C.

Chiudete con un coperchio o con una pellicola per impedire l'evaporazione dell'acqua e aspettate.

Quando l'acqua avrà raggiunto tale temperatura procedete a immergere totalmente la busta del sottovuoto e impostate un tempo di 30 min sul roner.

Passati i 30 min estraete la busta e lasciate raffreddare un minimo, poi aprite la busta e estraete il salmone, ponendolo in un piatto e accompagnandolo con dell'insalata verde, potete servirlo in tavola.

Polpo con olive e lime

Altra gustosa e raffinata ricetta, per il polpo che riuscirà a regalare al vostro palato una freschezza e un gusto esotico che saprà conquistarvi.

Ingredienti:

- N.1 polpo di circa 500g;
- Uno spicchio di aglio;
- Prezzemolo tritato;
- Olive verdi snocciolate;
- N.1 cucchiaio di olio extra vergine di oliva;
- Succo di lime;

Preparazione:

Prendete il polpo, pulitelo, lavatelo e fatelo sgocciolare bene.

Nel mentre pulite uno spicchio di aglio, e tagliatelo in quattro parti e mettetelo da parte vicino alle olive denocciolate e al prezzemolo tritato.

Inserite il polpo in una busta per il sottovuoto, e create il sottovuoto inserendo la busta nella macchina per il sottovuoto.

Prendete un tegame alto più di 20cm, ponete sopra il roner, e iniziate a riempirlo di acqua regolandovi con gli indicatori posti sul fusto del roner e impostate su di esso una temperatura di 72°C.

Quando l'acqua avrà raggiunto tale temperatura procedete a immergere totalmente la busta del sottovuoto e impostate un tempo di 7 ore sul roner.

Passato tale tempo estraete la busta con il polpo e ponetelo in una ciotola con acqua fredda per farlo raffreddare, dopodiché potete estrarre il polpo, disporlo su un tagliere e tagliarlo in pezzi.

Fatelo scottare in una padella per qualche minuto con un filo d'olio, poi spegnete, togliete il polpo dalla padella e disponete in un piatto.

Condite con succo di lime, prezzemolo, aglio e olive verde denocciolate.

Ora il vostro piatto è pronto per essere servito e degustato.

Gamberi

I gamberi come il salmone o il polpo, sono degli alimenti molto ricchi e che spesso troviamo in diete o regimi alimentari particolari, come ad esempio quello cheto.

Sono ricchi di vitamine, minerali come sodio e potassio, di proteine e grassi, molto importanti per il nostro corpo.

Vediamo come realizzare questo piatto utilizzando la cottura a bassa temperatura, che renderà ancora più esaltante e gustoso il sapore dei gamberi.

Ingredienti:

- 5 gamberoni freschi;
- 200 ml olio extra vergine di oliva;
- 1 spicchio di aglio;
- Succo di 1 limone;
- 1 cucchiaio di vino bianco;

- Pepe rosa;
- qualche foglia di salvia;
- un pizzico di sale;
- Frullatore ad immersione;

Preparazione:

Iniziate mettendo l'olio, uno spicchio di aglio tagliato a pezzetti, il succo di limone, il pepe rosa, un cucchiaio di vino bianco e un pizzico di sale, nel bicchiere per il frullatore ad immersione.

Emulsionate il tutto con il frullatore ad immersione fino ad ottenere un liquido cremoso e omogeneo.

Sgusciate i gamberi lasciando intatta la testa e la coda, e togliendo la riga nera che si trova nella parte superiore, che rappresenta l'intestino.

A questo punto andate ad inserire i gamberi nella busta per il sottovuoto, versateci la crema realizzata in precedenza con il frullatore ad immersione e aggiungete le foglie di salvia, chiudete per bene e avviate nella macchina per il sottovuoto, dopodiché conservate in frigo per circa 24 ore.

Il giorno seguente potete procedere alla cottura, prendete una pentola o tegame in vetro o ceramica, ponete sopra il roner e riempitela dell'acqua necessaria e impostate una temperatura di 85°C.

Quando l'acqua avrà raggiunto la giusta temperatura immergete la busta sottovuoto con i gamberi e impostate un timer di 30 minuti.

Dopo che i 30 minuti saranno passati potete estrarre la busta, lasciarla raffreddare in una ciotola con dell'acqua fredda.

Ora aprite la busta e impiattate i gamberoni cospargendoci sopra il succo di marinatura che era all'interno della busta sottovuoto.

Ora non vi resta che deliziare il vostro palato con questo buonissimo piatto.

Spalla in salsa verde

Ricetta semplice e molto gustosa che ha come alimento principale la spalla di bovino, detta anche cappello del prete, un taglio di carne molto adatto per i bolliti, lo spezzatino e gli arrosti.

Vedrete come questo piatto cucinano con il metodo di cottura a bassa temperatura andrà a dare una maggiore morbidezza alla carne andandone ad esaltare maggiormente il sapore.

Vediamo come prepararla.

Ingredienti:

- 1 kg di carne bovina taglio spalla o cappello del prete;
- pepe q.b.;
- sale fino q.b.;
- un cucchiaio di zucchero di canna;
- 2 ciuffi grandi di prezzemolo;
- mollica di 1 panino;

- 1 spicchio d'aglio;
- Aceto q.b.;
- Olio extra vergine di oliva q.b.;

Preparazione:

Disponete su un tagliere la carne e iniziate a tagliare tutte le parte grasse. In una ciotola mischiate 3 cucchiai di sale fino e un cucchiaio di zucchero di canna, e cospargetelo su tutta la carne fino a coprirla interamente. Adagiate la carne in un contenitore chiuso e fate riposare in frigo per circa sei ore.

Quando la carne sarà pronta, inseritela in una busta per sottovuoto e inseritela nella macchina in modo da creare il sottovuoto ed estrarre tutta l'aria all'interno della busta.

Prendete ora una pentola o tegame in vetro o ceramica, ponete sopra il roner e riempitela dell'acqua necessaria e impostate una temperatura di 62°C.

Quando l'acqua avrà raggiunto la giusta temperatura immergete la busta sottovuoto con la carne e impostate un timer di 12 ore.

Nel mentre che la carne cuoce passate a preparare la salsa verde, andando a versare in una ciotola la mollica di pane bagnata con dell'aceto e sbriciolata finemente, aiutandovi con un mixer per farla diventare quasi polvere, dopodiché aggiungeteci l'aglio, il prezzemolo, un filo di olio extra vergine di oliva e un po' di aceto e mischiate nuovamente con il mixer, fino a quando non otterrete una crema.

Quando la carna sarà pronta togliete la busta lasciate raffreddare un attimo, poi estraete la carne e disponetela su una teglia ricoperta di carta da forno e infornate per 15 minuti a circa 200°C.

Quando la carne è pronta ponetela su un piatto, tagliatela a fette e condite con la del pepe e la salsa verde preparata prima.

Ora potete servire in tavola e gustarvi questo fantastico piatto.

Uova e asparagi

Questa ricetta è una ricetta molto presente in campo culinario e viene inserita molto spesso nei ricettari che trattano diete o regimi alimentari particolari come la dieta chetogenica o la Sirt. Quindi abbiamo deciso di proporre questa ricetta adattandola alla tecnica della cottura a bassa temperatura.

Vediamo ora gli ingredienti da usare e la procedura da seguire per realizzare questa fantasiosa variazione alla più tradizionale ricetta.

Ingredienti

- 1 mazzo di asparagi verdi;
- 2 uova;
- N.2 cucchiai di olio extravergine di oliva;
- Sale q.b.;
- Pepe q.b.;

Preparazione:

Per preparare questa ricetta occorre iniziare con la cottura degli asparagi, poiché vanno tagliati e divisi, perché le punte che sono più tenere devono avere una cottura, mentre il gambo che è più dure deve averne un'altra.

Prendete gli asparagi, puliteli e tagliate le punte, e riponetele in una busta per sottovuoto, e fate lo stesso con i gambi avendo l'accortezza di tagliargli a rondelle e fatele saltare in padella per alcuni minuti, poi lasciate raffreddare e inseritele nella busta e andate a creare il sottovuoto.

Dopo aver creato il sottovuoto di entrambe le buste, prendete un tegame di altezza superiore ai 20cm, agganciateci il roner, riempitelo dell'acqua necessaria e impostate una temperatura di 84°C.

A temperatura raggiunta immergete la busta sottovuoto con le punte e impostate un timer di 20min. Quando sarà passato questo tempo estraete la busta e immergete quella con i gambi impostando un timer di 40min.

A cottura ultimata estraete le buste e lasciate raffreddare, dopodiché prendete la busta con i gambi a rondelle e versateli nel bicchiere per il frullatore ad immersione, riducetele in una crema.

A questo punto versatela in una padella con un po' di olio extra vergine di oliva e fate saltare per qualche minuto.

Nel frattempo fate cuocete, prendete il tegame dove avete fatto cuocere gli asparagi, lavatelo e pulitelo, dopodiché agganciateci nuovamente il roner e riempite di acqua.

Impostate una temperatura di 61°C e una volta raggiunta disponete le uova sul fondo, impostando un timer di 60 minuti.

Quando anche le uova saranno cotte, procedete con l'impiattamento.

Versate la crema di asparagi su un lato e

disponeteci sopra le punte degli asparagi, poi sgusciate delicatamente le uova e disponetele sull'altro lato.

A questo punto le vostre uova con asparagi sono pronte per essere servite e degustate.

Filetto di baccalà

Il baccalà è un alimento molto utilizzato in cucina sia per il suo gusto che per le sue molteplici proprietà nutritive.

Questo pesce infatti è molto ricco di vitamine, proteine e grassi molto importanti come gli Omega 3, che sono molto importanti e utili a contrastare l'innalzamento del colesterolo e di conseguenza a prevenire malattie cardiovascolari.

È un pesce facile da reperire e in questa ricetta viene proposto con pomodorini e olive nere, una ricetta molto semplice e veloce, ma allo stesso tempo veramente gustosa, ideale come piatto salva cena da poter condividere con la famiglia o tra amici.

Vediamo quali ingredienti usare e quali passaggi seguire per realizzare questa ricetta.

Ingredienti:

- 500 g di filetto di baccalà desalato;
- olio extravergine d'oliva;
- sale fino;
- 50 g capperi dissalati;
- 50 g olive nere denocciolate;
- 300 g pomodorini;
- prezzemolo fresco;

Preparazione:

La prima cosa da fare è dividere il vostro filetto di baccalà in 4 pezzi, dopodiché prendete una pentola, posizionateci sopra il roner e riempitela dell'acqua necessaria, e infine impostate una temperatura di 54°C.

Andate poi a disporre i 4 tranci di baccala in una busta e inseritela nella macchina per il sottovuoto in modo da creare il sottovuoto ed estrarre l'aria.

Quando l'acqua avrà raggiunto la temperatura impostata immergete la busta e deponetela sul fondo, poi andate ad impostare il timer di 15 minuti.

Passato quel tempo andate ad estrarre la busta e ponetela da parte.

Dopo qualche minuto andate ad aprire la busta ed estraete i tranci di baccalà, tagliateli in pezzi più piccoli e poneteli in un piatto.

Aggiungete ora le olive nere denocciolate intere, e i pomodorini tagliati a metà, dopodiché servite in tavola.

Coppa di maiale

La coppa di maiale è sicuramente un pezzo molto pregiato e apprezzato da tutti i palati.

La sua morbidezza e il suo sapore lo rende un taglio adatto a creare moltissimi piatti, e si adatta molto bene alla cottura a bassa temperatura. Con questa ricetta porterete sulla vostra tavola un piatto semplice ma molto raffinato, che sia a voi che ai vostri commensali sembrerà di assaporare uno di quei piatti creati da qualche chef stellato di alta cucina.

Ricordatevi sempre di cercare di comprare gli alimenti in allevamenti bio o comunque di alta qualità, affinché il risultato sia perfetto.

Ingredienti:

- 1 kg di coppa di maiale;
- Pepe q.b.;
- sale q.b.;
- un cucchiaio di zucchero di canna;

- rosmarino;
- salvia;

Preparazione:

Iniziate prendendo la vostra coppa di maiale e ponetelo in una ciotola con dell'acqua, aggiungete il sale e lo zucchero, dopodiché chiudete con un coperchio e riponete in frigo per due o se volete anche di più.

Quando il tempo di marinatura sarà trascorso prendete il filetto adagiatelo su un tagliere e iniziate a tamponarlo con della carta assorbente, poi massaggiatelo con l'olio d'oliva in modo che venga assorbito dalla carne.

Prendete una busta per sottovuoto e inserite all'interno il filetto di salmone, dopodiché inserite nella macchina per il sottovuoto e avviatela in modo tale da creare il sottovuoto ed estrarre tutta l'aria all'interno. Dopo aver preparato il sottovuoto, prendete una pentola alta più di 20cm, posizionateci sopra il roner, e iniziate a riempirlo di acqua e infine impostate una temperatura di 72°C.

Chiudete con un coperchio o con una pellicola per impedire l'evaporazione dell'acqua e aspettate.

Quando l'acqua avrà raggiunto tale temperatura procedete a immergere totalmente la busta del sottovuoto e impostate un tempo di 24h sul roner.

Quando saranno passate le 24 ore estraete la busta, lasciate raffreddare un minimo, poi apritela e disponete la carne su una teglia ricoperta di carta da forno. Cospargetela con salvia e rosmarino e infornate per circa 10 minuti ad una temperatura di 220°C.

Quando la carne sarà pronta, disponetela su un piatto e iniziate a tagliarla in diagonale creando delle piccole fettine uniformi, spolverateci sopra un po' di pepe e accompagnate con un'insalata verde o delle patate, e servite in tavola.

Filetto di Branzino

Il branzino è un pesce molto utilizzato e poliedrico in cucina, perché si presta molto bene a numerosissime ricette e piatti.

È un alimento che anche dal punto di vista nutrizionale è molto ricercato, perché ricco di sali minerali, come ad esempio potassio, magnesio, fosforo e calcio, ma contiene anche molte vitamine A e D, con un buon apporto di proteine.

Sono tutte queste proprietà a rendere questo pesce molto pregiato, e ritenuto uno fra i migliori per preparare piatti dal sapore delicato e gustoso.

Vediamo ora come preparare questo pesce utilizzando la cottura a bassa temperatura, per vedere come anche un pesce così delicato possa essere adatto ad una cucina di questo tipo.

Ingredienti:

- 1 branzino da circa 400 g;
- 1 spicchio di aglio;
- olio extravergine d'oliva;
- sale q.b.;
- pepe q.b.;

Preparazione:

Iniziate con il pulire il vostro branzino, iniziate a desquamarlo, ponetelo in un lavello e fate scorrere l'acqua e iniziate ad usare il desquamatore iniziando dalla coda e risalendo.

Quando avrete tolto tutte le squame da tutto il pesce, trasferitelo su un tagliere e iniziate a inciderlo con un coltello partendo dalla fine della pancia e salendo fino alla testa.

Dopo iniziate ad estrarre le viscere e sciacquate accuratamente sempre sotto acqua corrente, in modo da non lasciare residui di viscere all'interno del pesce che andrebbero a dare un sapore amarognolo all'intero pesce.

Ora sempre utilizzando un coltello effettuate un'incisione profonda sul dorso, partendo dalla coda fino a raggiungere la testa e con un taglio in diagonale staccate il primo filetto. Ripetete l'operazione anche sull'altro lato, per ottenere il secondo filetto. Proseguite andando ad eliminare le restanti lische con un coltello o una pinzetta, dopodiché andate ad eliminare la pelle del pesce da ogni filetto, facendo scorrere il coltello tra la pelle e la polpa.

Ora che i due filetti di branzino sono pronti poneteli in un piatto e conditeli con olio extra vergine di oliva, una spolverata di sale e una spolverata di pepe. Prendete una busta per sottovuoto, disponete i filetti paralleli l'uno accanto all'altro lasciando qualche centimetro di spazio fra ognuno e aggiungete lo spicchio d'aglio schiacciato.

Nel caso i due filetti non entrano in una sola busta usatene due, mettendo uno spicchio di aglio in ogni busta.

Dopo aver preparato il sottovuoto, prendete una pentola alta più di 20cm, posizionateci sopra il roner, e iniziate a riempirlo di acqua e infine impostate una temperatura di 65°C.

Chiudete con un coperchio o con una pellicola per impedire l'evaporazione dell'acqua e aspettate.

Quando l'acqua avrà raggiunto tale temperatura procedete a immergere totalmente la busta del sottovuoto e impostate un tempo di 12 min sul roner.

Quando i filetti saranno pronti, estraeteli e disponeteli sui piatti e guarnite con del prezzemolo tritato e accompagnate il tutto con delle verdure grigliate o con un'insalata verde. Ora il piatto è pronto e potete servire in tavola.

Petto di pollo

Il pollo è un alimento molto usato in cucina, sia per il suo costo economico sia per la versatilità che ha in cucina. Possiamo dire che il petto di pollo è un taglio molto ricercato e consumato dalla maggior parte delle persone, e possiede importati elementi utili al nostro organismo.

Il pollo in generale è molto ricco di proteine, e povero di grassi che lo rende ideale per un'alimentazione equilibrata. Aumenta i livelli di serotonina nel sangue, ed aiuta il sistema cardiocircolatorio a rimanere in salute. Infine è molto ricco di vitamina B6 che mantiene in salute i vasi sanguigni e aumenta le calorie bruciate.

Vediamo ora come preparare il petto di pollo usando la cottura a bassa temperatura.

Ingredienti per 4 persone:

- 2 petti di pollo;

- 1 limone;
- 2 spicchi di aglio;
- 1 rametto di rosmarino;
- olio extravergine d'oliva;
- sale q.b.;
- pepe q.b.;

Preparazione:

Iniziate ponendo i due petti di pollo su in tagliere e tagliateli a metà ottenendo così quattro porzioni.

Una volta ottenuti i petti di pollo, poneteli in una ciotola e condite con una spolverata di sale, una spolverata di pepe e un filo di olio extravergine di oliva e massaggiateli per bene, in modo che il condimento sia cosparso uniformemente su tutto il petto di pollo.

Una volta effettuato questo procedimento, prendete una busta per sottovuoto e inserite all'interno i petti di pollo con aglio schiacciato e rosmarino e in ultimo aggiungete del limone divino in piccoli spicchi. Nel caso i quattro pezzi non entrino tutti in una busta utilizzatene due.

Mettete i due sacchetti nella macchina per il sottovuoto, in modo da estrarre tutta l'aria all'interno, dopodiché iniziate a predisporre tutto per la cottura.

Prendete una pentola alta più di 20cm, posizionateci sopra il roner, e iniziate a riempirlo di acqua e infine impostate una temperatura di 75°C.

Chiudete con un coperchio o con una pellicola per impedire l'evaporazione dell'acqua e aspettate.

Quando l'acqua avrà raggiunto tale temperatura procedete a immergere totalmente la busta del sottovuoto e impostate un tempo di 25 min sul roner.

Quando saranno pronti, estraeteli e disponeteli

su una griglia e fate cuocere per qualche minuto, poi disponete i petti di pollo nei piatti e accompagnateli con una fresca insalata mista.

Ora il piatto è pronto e potete servire in tavola.

Contorno di Zucchine

Le zucchine rappresentano un alimento molto importante all'interno di un regime alimentare equilibrato e sano.

Assume o introdurre nella propria alimentazione è molto importante perché sono poco caloriche, quindi molto adatte in regimi alimentari che hanno l'obbiettivo di far perdere peso, povere di sale, e anche molto digeribili.

Contengono acido folico, vitamina E e vitamina C e potassio, e infine hanno ottime proprietà calmanti e rilassanti.

Ingredienti per 4 persone

- 600 g di zucchine bio;
- olio extravergine d'oliva;
- sale q.b.;
- pepe q.b.;

Preparazione:

Iniziate con il lavare le zucchine ed eliminare le

estremità, dopodiché posizionatele su un tagliere e iniziare a tagliarle creando delle rondelle di circa mezzo centimetro.

Potete le rondelle di zucchine in una ciotola e conditele con olio extra vergine di oliva, una spolverata di sale e una spolverata di pepe.

Prendete poi una busta per sottovuoto e disponeteci le zucchine in maniera tale da avere uno spessore uniforme, senza ammassarle, poi inserite la busta nella macchina per il sottovuoto e avviate per ottenere il sottovuoto.

Prendete una pentola alta più di 20cm, posizionateci sopra il roner, e iniziate a riempirlo di acqua e infine impostate una temperatura di 80°C.

Chiudete con un coperchio o con una pellicola per impedire l'evaporazione dell'acqua e aspettate.

Quando l'acqua avrà raggiunto tale

temperatura procedete a immergere totalmente la busta del sottovuoto e impostate un tempo di 5 min sul roner.

Quando saranno pronte, estraete le buste e disponete le zucchine in una padella con uno spicchio di aglio e fate saltare per qualche minuto, poi impiattate e servite in tavola.

Questo piatto è ottimo come accompagnamento sia per la carne rossa, che per il pesce.

Calamari imbottiti

Ottimo piatto per una cena o un pranzo fresco e gustoso, con i calamari come elemento principe del piatto.

I calamari sono un alimento molto povero di grassi saturi, e molto ricco di omega 3, molto importanti per il corretto funzionamento dell'apparato cardiocircolatorio e di conseguenza aiutano a prevenire rischi di malattie cardiache.

Sono ricchi di vitamina B, di minerali come zinco, fosforo, rame e selenio, elementi molto importanti per il metabolismo, per le ossa, e come antiossidanti.

Ingredienti:

- 6 calamari freschi;
- mollica di pane;
- olio extra vergine di oliva;
- prezzemolo tritato;

- vino bianco;
- spolverata di pepe bianco;
- grana;
- panna fresca;
- succo di limone;

Preparazione:

Iniziate pulendo i calamari, togliendo solo a due calamari la testa con i tentacoli che dovrete poi tagliare in piccoli pezzi, perché verranno usati per il ripieno dei calamari.

Disponete i calamari in padella e fateli saltare per alcuni minuti, fino a far ridurre l'acqua che avranno cacciato.

Prendete i calamari tagliati a pezzettini e tritateli con un tritacarne, dopodiché inseriteli in una busta per sottovuoto con del basilico e uno spicchio di aglio, e avviate nella macchina per il sottovuoto.

Prendete una pentola alta più di 20cm, posizionateci sopra il roner, e iniziate a riempirlo di acqua e infine impostate una temperatura di 76°C.

Chiudete con un coperchio o con una pellicola per impedire l'evaporazione dell'acqua e aspettate.

Quando l'acqua avrà raggiunto tale temperatura procedete a immergere totalmente la busta del sottovuoto e impostate un tempo di 30 min sul roner.

Passato quel tempo togliete le buste e lasciate raffreddare.

Quando i calamari tritati saranno raffreddati versateli in una ciotola, e aggiungete la mollica di pane, l'olio extravergine di oliva, del prezzemolo tritato, un po' di vino bianco, una spolverata di pepe, un cucchiaio di grana grattugiata finemente, e iniziate ad amalgamare con le mani, fino ad ottenere una consistenza omogeneo.

Dopo aver preparato la farcitura iniziate a

riempire i calamari e chiudeteli con uno stecchino e avvolgeteli con della pellicola trasparente.

Prendete ora una busta o due per sottovuoto e sistemateci dentro i calamari ripieni, in maniera uniforma e lasciando un po' di spazio tra loro, poi inserite la busta nella macchina per il sottovuoto ed avviate.

Preparate nuovamente la pentola con il roner e l'acqua e impostate una temperatura di 68°.

Quando si sarà raggiunta tale temperatura immergete le buste sottovuoto e impostate un timer di cottura di circa 15 min.

Quando i calamari saranno pronti togliete le buste e estraete i calamari, ponendoli su un piatto o una sperlunga.

Potete accompagnare il tutto con una crema di fondo a base di zucca o di patate, oppure con un'insalata verde.

Verdure in agrodolce

Questa ricetta è adatta sia come pranzo che come cena, oppure come contorno per accompagnare della carne o del pesce.

È una ricetta molto semplice, leggera, ma molto nutritiva dal punto di vista nutrizionale, proprio perché composta da moltissime e diverse verdure che già da sole riescono a dare un grande apporto energetico, che in questo caso insieme viene triplicato.

Vediamo ora quali sono gli ingredienti necessari per la preparazione di questo piatto e quali sono i procedimenti da seguire per realizzarli.

Ingredienti:

- 200 g. Cipolle bianche;
- 250 g. Peperoni rossi e gialli;
- 400 g. Carote;
- 350 g. Zucchini;

- 200 g. Sedano;
- 150 g. Finocchi;
- 100 ml. Aceto Bianco;
- ½ bicchiere di Olio extra vergine oliva;
- Un cucchiaino di Sale;
- 50 g. Zucchero;

Preparazione:

Iniziate lavando accuratamente le verdure, pulitele, ponetele su un tagliere e iniziate a tagliarle a rondelle di circa mezzo centimetro.

Riponete tutte le verdure in una ciotola e mescolatele insieme, dopodiché prendete una busta di sottovuoto e inseritele all'interno, disponendole in maniera tale da ottenere uno spessore uniforme.

Aggiungete poi alle verdure l'aceto bianco, lo zucchero, il sale e l'olio extravergine di oliva, chiudete la busta e inseritela nella macchina per il sottovuoto per estrarre l'aria all'interno, in modo da creare il sottovuoto.

Prendete una pentola alta più di 20cm, posizionateci sopra il roner, e iniziate a riempirlo di acqua e infine impostate una temperatura di 75°C.

Chiudete con un coperchio o con una pellicola per impedire l'evaporazione dell'acqua e aspettate.

Quando l'acqua avrà raggiunto tale temperatura procedete a immergere totalmente la busta del sottovuoto e impostate un tempo di 9 min sul roner.

Quando saranno pronte, estraete la busta e disponete le verdure in una padella con un filo d'olio, fate saltare per qualche minuto, trasferite il tutto in una sperlunga e servite in tavola.

Hamburger

Ecco una ricetta molto sfiziosa, per preparare dei fantastici e gustosi hamburger che faranno felici grandi e piccoli soprattutto, e fare qualcosa di semplice e di nutriente allo stesso tempo.

Attraverso questa ricette potrete vedere come anche piatti che sembrano impossibili o difficili da realizzare con questa tecnica in realtà sono fattibili e con un sapore molto più esaltato, rispetto a una normale cottura.

Vediamo ora quali ingredienti occorro per prepararli e i passi da fare per realizzarli.

Ingredienti:

- 350g di carne macinata;
- 1 uovo medio;
- Sale;
- Prezzemolo tritato;
- Spiccio di aglio tritato finemente;

Preparazione:

Iniziate versando la carne macinata in una ciotola, cospargete sono una spolverata di sale, poi aggiungete il prezzemolo tritato finemente e un po' di aglio tritato.

Dopo aver aggiunto tutti gli ingredienti, iniziate ad amalgamarli per bene con le mani, e in seguito create delle palline non troppo piccole.

Prendete poi una carta da forno e disponeteci le palline distanziandole una dall'altra, coprite con un altro foglio di carta da forno e iniziate a schiacciare le palline di carne con l'aiuto di un batticarne, o con dei dischi appositi per la creazione degli hamburger.

Dopo aver creato i vostri hamburger di carne prendete una busta per sottovuoto e disponeteli all'interno, distanziandoli tra loro e evitando di ammassarli sul fondo della busta, poi mettete la busta all'interno della macchina per sottovuoto e avviatela.

Prendete una pentola alta più di 20cm, posizionateci sopra il roner, e iniziate a riempirlo di acqua e infine impostate una temperatura di 54°C.

Chiudete con un coperchio o con una pellicola per impedire l'evaporazione dell'acqua e aspettate.

Quando l'acqua avrà raggiunto tale temperatura procedete a immergere totalmente la busta del sottovuoto e impostate un tempo di 100 min sul roner.

Quando il timer scadrà, estraete la busta sottovuoto, apritela e togliete gli hamburger. Prendete una padella antiaderente e fate scaldare con un po' di olio dopodiché disponeteci gli hamburger e fateli scottare per alcuni minuti su ogni lato.

A questo punto togliete gli hamburger dalla padella e disponeteli sulla parte inferiore dei panini per hamburger, aggiungete sopra qualche fetta di pomodoro, qualche foglia di lattuga, una fetta di formaggio o della maionese, chiudete il panino e servite in tavola.

Vedrete che con questa deliziosa e semplice ricetta conquisterete il cuore di tutti.

Filetto di sgombro

Lo sgombro è un pesce grasso ma ricco in omega 3, di vitamine e proteine, molto importanti per il nostro organismo, e per questo molto adatto ad essere inserito in un regime alimentare equilibrato e sano.

Il piatto che si andrà a preparare è molto semplice, e dal sapore ricco e fresco, dove il sapore del pesce misto agli aromi navigano in perfetto equilibro sul palato.

Vediamo ora quali ingredienti occorrono oltre lo sgombro, e come procedere per preparare questa ricetta.

Ricordatevi sempre di acquistare ingredienti freschi e di qualità per ottenere il massimo con questa tecnica di cottura.

Ingredienti:

- 230g di sgombro fresco;
- 6 cucchiaio di zucchero di canna;

- 1\2 limone;
- 1 cucchiaio d'olio d'oliva extravergine;
- Sale;
- Una spolverata di pepe bianco;

Preparazione:

Iniziate mettendo il vostro filetto di sgombro in una busta per sottovuoto e inseritela nella macchina per creare il sottovuoto, dopodiché riponetelo nel freezer per circa 96 ore.

Passate le 96 ore, estraete la busta sottovuoto con lo sgombro e lasciate che si scongeli gradualmente in frigo.

Quando lo sgombro si sarà decongelato, potete iniziare a pulirlo e sfilettarlo.

Dopo aver sfilettato lo sgombro, prendete un contenitore, versateci dentro cinque cucchiai di sale e 50% di zucchero, poi poneteci dentro lo sgombro, chiudete e lasciate marinare per due o tre ore.

Passato il tempo necessario di marinatura

prendete il contenitore, estraete il filetto di sgombro, sciacquatelo bene e mettetelo in una busta per sottovuoto, aggiungendo una piccola spolverata di sale, un po' di pepe bianco, e la scorza di un mezzo limone grattugiata, per poter aromatizzare il tutto.

Inserite la busta nella macchina per il sottovuoto e avviate per estrarre tutte l'aria all'interno, ottenendo il sottovuoto.

Prendete una pentola alta più di 20cm, posizionateci sopra il roner, e iniziate a riempirlo di acqua e infine impostate una temperatura di 50°C.

Chiudete con un coperchio o con una pellicola per impedire l'evaporazione dell'acqua e aspettate.

Quando l'acqua avrà raggiunto tale temperatura procedete a immergere totalmente la busta del sottovuoto e impostate un tempo di 15 min sul roner.

Al termine della cottura, togliete la busta sottovuoto dalla pentola, poi prendete una ciotola e riempitela di acqua aggiungendo del ghiaccio, e versatela all'interno per abbattere in positivo per qualche minuto.

In seguito aprite la busta e togliete i filetti di sgombro disponendoli su una teglia ricoperta di carta da forno, con un filo di olio extra vergine di oliva e infornate per 7 minuti a 200°C.

Ora estraete dal forno i filetti di sgombro e disponeteli su un piatto, con un contorno di verdure grigliate, o dell'insalata verde.

Polpette bianche

Le polpette rappresentano uno dei piatti che più rappresentano la cucina italiana nel mondo.

Sono facili da preparare e gli ingredienti sono facilmente reperibili ovviamente ricordatevi di scegliere prodotti di qualità per avere un risultato ottimale, che non avrà nulla da invidiare alle polpette cucinate con i metodi tradizionali.

Vediamo ora passo passo quali ingredienti utilizzare per preparare le polpette e tutto il procedimento da seguire per cuocerle secondo il metodo CBT.

Ingredienti:

- 350 g di carne tritata, preferibilmente di pollo;
- 1 uovo medio;
- 4 cucchiai di formaggio grattugiato;
- 100 g di mollica;

- Prezzemolo;
- Sale q.b.;
- Pepe q.b.;
- Olio extravergine di oliva;
- 1 spicchio di aglio;

Preparazione:

Iniziate prendendo la mollica comprata o preparata macinando pezzi di pane raffermo di alcuni giorni, e versatela in una ciotola.

Aggiungete la carne di pollo tritata, aggiungete un uovo, il prezzemolo tritato, un po' di aglio tritato finemente, una spolverata di sale e di pepe, ed infine i 4 cucchiai di formaggio grattugiato e iniziate ad amalgamare tutti gli ingredienti con le mani.

Quando l'impasto sarà omogeneo e gli ingredienti si saranno uniti in maniera uniforme, iniziate a formare delle palline di medie dimensioni, e disponetele su un piatto.

Quando avrete finito di farle, prendete una

busta sottovuoto e iniziate a inserirle cercando di non farle sovrapporre, nel caso usate due buste, dopodiché passate alla macchina per il sottovuoto e regolate in modo da non schiacciare troppo le polpette.

Prendete una pentola alta più di 20cm, posizionateci sopra il roner, e iniziate a riempirlo di acqua e infine impostate una temperatura di 65°C.

Chiudete con un coperchio o con una pellicola per impedire l'evaporazione dell'acqua e aspettate.

Quando l'acqua avrà raggiunto tale temperatura procedete a immergere totalmente la busta del sottovuoto e impostate un tempo di 20 min sul roner.

A cottura ultimata estraete le polpette e disponetele in una padella antiaderente con un filo di olio, qualche rametto di rosmarino e fate sfumare con un po' di succo di limone. A questo punto impiattate le polpette e servite in tavola.

Salsiccia con patate

La salsiccia si può cucinare in moltissimi modi, proprio come questa, con un semplice contorno di patate. È una ricetta molto semplice da fare e con pochi ingredienti da avere. Ovviamente sia per quanto riguarda la salsiccia che per le patate cercate sempre di acquistare dei prodotti di alta qualità in modo da avere un piatto molto gustoso e qualitativamente alto anche a livello nutrizionale.

Vediamo ora gli ingredienti che occorrono e i passaggi da effettuare per creare questo fantastico piatto in casa vostra.

Ingredienti:

- 400 gr salsiccia;
- 2 patate a pasta gialla;
- 1 spicchio aglio;
- Olio extravergine di oliva;

Preparazione:

Prendete la salsiccia e con una forchetta iniziate a pungerla un po' ovunque, e dopo tagliatela in pezzi di circa 7/8 cm.

Fate lo stesso con le patate, sbucciatele e tagliatele in piccoli pezzi, riponeteli in un piatto e condite con un po' di sale e un filo di olio.

A questo punto prendete una busta per sottovuoto e iniziate a inserire in alternanza la salsiccia e le patate per creare una disposizione uniforme, dopodiché passate nella macchina per il sottovuoto.

Adesso prendete una pentola alta più di 20cm, posizionateci sopra il roner, e iniziate a riempirlo di acqua e infine impostate una temperatura di 80°C.

Chiudete con un coperchio o con una pellicola per impedire l'evaporazione dell'acqua e aspettate.

Quando l'acqua avrà raggiunto tale temperatura procedete a immergere totalmente la busta del sottovuoto e impostate un tempo di 40 min sul roner.

A cottura ultimata estraete la busta, e togliete la salsiccia e le patate versandole in una padella insieme ai succhi della busta e fate scottare per qualche minuto.

A questo punto versate il tutto in una sperlunga e servite in tavola.

Rotolo di pollo farcito

Il rotolo di pollo è un piatto che si adatta bene ad un pranzo della domenica in famiglia, o in occasione di feste o eventi, perché è un piatto che fa la sua figura sia a livello estetico che di sapore.

È un piatto la cui preparazione richiede un po' di tempo in più rispetto le altre ricette, ma il risultato è veramente eccezionale.

Vediamo gli ingredienti che occorrono per prepararlo e i vari passaggi da seguire per realizzarlo.

Ingredienti:

- 300g di petto di pollo;
- N.3 Patate pasta gialla;
- N.1 Zucchina;
- N.1 Carota;
- Rosmarino;
- Sale q.b.;

- Olio extra vergine di oliva;

Preparazione:

Iniziate sbucciando le patate e tagliandole a cubetti non troppo gradi, riponetele in una busta per sottovuoto, disponetele in maniera uniforme all'interno poi inserite la busta nella macchina per il sottovuoto e avviate.

Prendete una pentola alto più di 20cm, posizionateci sopra il roner, e iniziate a riempirlo di acqua e infine impostate una temperatura di 100°C.

Chiudete con un coperchio o con una pellicola per impedire l'evaporazione dell'acqua e aspettate.

Quando l'acqua avrà raggiunto tale temperatura procedete a immergere totalmente la busta del sottovuoto e impostate un tempo di 20 min sul roner.

A cottura ultimata estraete la busta, e versate le patate in una padella insieme fate saltare per qualche minuto, aggiungendo un filo di olio extra vergine di olia e un po' di rosmarino.

Una volta preparate le patate, passate alla zucchina, lavatela e in una ciotola iniziate a tagliarle alla julienne. Una volta finito prendete la zucchina e inseritela in una busta per sottovuoto in maniera uniforme, dopodiché inserite nella macchina per il sottovuoto e avviate.

Proprio come avete fatto in precedenza per le patate prendete una pentola alta più di 20cm, posizionateci sopra il roner, e iniziate a riempirlo di acqua e infine impostate una temperatura di 100°C.

Chiudete con un coperchio o con una pellicola per impedire l'evaporazione dell'acqua e aspettate.

Quando l'acqua avrà raggiunto tale temperatura procedete a immergere totalmente la busta del sottovuoto e impostate un tempo di 12 min sul roner.

La stessa e identica operazione che avete fatto con le zucchine dovete farla con la carota, sbucciatela e tagliatela alla julienne, dopodiché inseritela in una busta per sottovuoto in maniera uniforme e inseritela nella macchina per il sottovuoto.

Riutilizzate la stessa pentola usata per la cottura della zucchina e impostatela ad una temperatura di 70°C.

Raggiunta tale temperatura procedete a immergere totalmente la busta del sottovuoto e impostate un tempo di 15 min sul roner.

Dopo aver preparato e cotto tutte le verdure passiamo all'imbottitura del petto di pollo.

Iniziate a tagliare il petto di pollo, incidendo lateralmente, ma non da dividere completamente il petto di pollo in due, deve rimanere aperto come un libro e unito. Poi fate altre due tagli su ambo i lati sempre lateralmente e partendo dal lato interno, senza far staccare il pezzo, come a creare un prolungamento.

A questo punto con un batticarne iniziate a stendere per bene il petto di pollo, dopodiché date una spolverata di sale su ambo i lati.

Prendete la zucchina e la carota e iniziate a disporle lungo tutto il petto di pollo, poi partendo da un lato iniziate ad avvolgere il petto di pollo, fino ad ottenere un rotolo.

Avvolgete poi il rotolo con della pellicola trasparente e iniziate a bucherellarlo con uno stuzzicadenti o simili, poi inseritelo in una busta per il sottovuoto e avviate nella macchina per il sottovuoto.

Usate la stessa pentola usata per le precedenti cotture, e impostate sul roner una temperatura di 68°C per 40 minuti.

A cottura ultimata estraete la busta, togliete il

rotolo e iniziate a tagliarlo a fette e disponetele su una sperlunga, guarnendo con le patate e un rametto di rosmarino.

A questo punto potete portare in tavola e servire ai vostri commensali.

Risotto di zucca

Il risotto è uno dei piatti con cui ci si può sbizzarrire, perché si adatta molto bene ai più svariati ingredienti, dando vita a moltissimi tipi di risotti, da quello alla milanese, al risotto al nero di seppia, per arrivare al risotto ai funghi e quello di zucca.

Proprio quest'ultimo è quello che andremo a realizzare, con ingredienti semplici e gustosi, che renderanno questo piatto ancora più apprezzato di quanto non lo sia già.

Vediamo quali ingredienti usare e come procedere per realizzare il nostro risotto di zucca.

Ingredienti:

- 500 g di zucca già pulita;
- 250 g di riso Arborio;
- 50 g di burro;

- Rosmarino;
- 1 Cipolla bianca;
- ½ bicchiere di vino bianco;
- brodo vegetale;
- formaggio grattugiato grana o pecorino;
- sale q.b.;
- una spolverata di pepe nero;

Preparazione:

Iniziate prendendo la zucca già pulita e iniziate a tagliarla in modo da ottenere delle fette sottili, che andrete poi a disporre dentro la busta per il sottovuoto in maniera uniforme cercando di non sovrapporle, aggiungendo un rametto di rosmarino, e andando a creare il sottovuoto inserendo la busta nella macchina per il sottovuoto.

Prendete una pentola alto più di 20cm, posizionateci sopra il roner, e iniziate a riempirlo di acqua e infine impostate una temperatura di 84°C.

Chiudete con un coperchio o con una pellicola per impedire l'evaporazione dell'acqua e aspettate.

Quando l'acqua avrà raggiunto tale temperatura procedete a immergere totalmente la busta del sottovuoto e impostate un tempo di 90 min sul roner.

A cottura ultimata prendete la busta e adagiatela in una ciotola con acqua fredda, per far raffreddare la zucca, dopodiché conservatela in frigo fino al momento di usarla.

Prendete un tegame o una casseruola, tagliate la cipolla a cubetti piccolissime e versatela dentro aggiungendo il burro e fate cuocere, inseguito aggiungete il riso e fate tostare per 5 o 6 minuti, dopo sfumate con il vino bianco.

Quando il vino si sarà completamente sfumato iniziate ad aggiungere man mano il brodo vegetale precedentemente preparato e fate cuocere. Ricordatevi di girare molto spesso il riso in modo che questo non si attacchi.

Arrivati a metà cottura del riso estraete la zucca dal frigo, toglietela dalla busta del sottovuoto e aggiungetele al riso e mescolate bene per amalgamarla in maniera uniforme ed omogenea al riso, continuando ad aggiungere il brodo fino alla completa cottura del riso.

Quando il risotto è ormai arrivato a cottura aggiungete il formaggio grattugiato, come grana o pecorino e mescolate per bene, e concludete con una piccola spolverata di pepe.

Ora non vi resta che spegnere il fornello, impiattare e servire in tavola.

Braciole di agnello su crema di zucca

Piatto ricco e molto gustoso, dove l'agnello va a sposarsi molto bene con la vellutata di zucca, dando al piatto un sapore forte e delicato allo stesso tempo, dove la morbidezza dell'agnello incontra il sapore delicato della vellutata di zucca creando un connubio esilarante per il palato.

Oltretutto questa ricetta ha una preparazione davvero molto semplice che permette a tutti di poter creare questo piatto.

Vediamo ora gli ingredienti che servono e i passi da seguire per prepararlo.

Ingredienti:

- 6 braciole di agnello;
- Sale q.b.;
- 300g di zucca già pulita;
- Pepe q.b.;

Preparazione:

Iniziate mettendo le braciole in una o massimo due buste sottovuoto, ricordandovi di dare una spolverata di sale e aggiungere un rametto di rosmarino, quando le disponete nella busta, evitando che si sovrappongano e sigillate con la macchina per il sottovuoto.

Prendete una pentola alto più di 20cm, posizionateci sopra il roner, e iniziate a riempirlo di acqua e infine impostate una temperatura di 60°C.

Chiudete con un coperchio o con una pellicola per impedire l'evaporazione dell'acqua e aspettate.

Quando l'acqua avrà raggiunto tale temperatura procedete a immergere totalmente la busta del sottovuoto e impostate un tempo di 2 ore sul roner.

Passate ora alla zucca, iniziate a tagliarla a fette non troppo grandi e disponetele in una o più buste per il sottovuoto, sempre in maniera tale da non farle sovrapporle, e inserite nella macchina per il sottovuoto.

Prendete una pentola alto più di 20cm, posizionateci sopra il roner, e iniziate a riempirlo di acqua e infine impostate una temperatura di 84°C.

Chiudete con un coperchio o con una pellicola per impedire l'evaporazione dell'acqua e aspettate.

Quando l'acqua avrà raggiunto tale temperatura procedete a immergere totalmente la busta del sottovuoto e impostate un tempo di 90 min sul roner.

A cottura ultimata estraete la busta dalla pentola, e adagiatela in una ciotola con dell'acqua fredda, poi estraete la zucca e tagliatela a pezzi, e versatela in un tegame aggiungendo una spolverata di sale, e pepe.

Cercate di schiacciare con una forchetta la zucca e con l'aiuto di un frullatore ad immersione iniziate a frullarla aggiungendo un po' di latte per raggiungere la consistenza che desiderate.

Quando le braciole saranno pronte, estraetele dalla pentola e fate scottare in padella su ambo i lati per qualche minuto, dopodiché togliete e disponetele nei piatti.

Concludete versando al lato delle braciole la vellutata di zucca, aggiungendo un filo di olio extra vergine di oliva su tutto il piatto.

Ora potete servire e gustare questo delizioso piatto cucinato con la tecnica CBT.

Salmone con contorno di asparagi

Ecco un'altra ricetta molto semplice che ha come ingredienti principali il salmone e gli asparagi, due alimenti molto ricchi a livello nutrizionale e che portano al nostro organismo molteplici benefici.

La ricetta è molto semplice, e anche molto simile a quella del salmone marinato, ma con la variazione del contorno che va a dare un maggiore impatto e sapore al piatto.

Vediamo ora quali ingredienti occorrono e le procedure da seguire per poterlo realizzare.

Ingredienti:

- 200g di filetto di salmone;
- Prezzemolo tritato;
- Sale q.b.;
- olio extra vergine di oliva q.b.;
- N. mazzo di asparagi;

Preparazione:

Iniziamo preparando gli asparagi, tagliandoli in modo tale da dividere la parte morbida, cioè la punta dalla parte più dura, cioè il gambo, in quanto dovranno avere due cotture diverse.

Inserite le punte in una busta per sottovuoto, e fate lo stesso con i gambi, poi passate le buste nella macchina per il sottovuoto.

Dopo aver creato il sottovuoto di entrambe le buste, prendete un tegame di altezza superiore ai 20cm, agganciateci il roner, riempitelo dell'acqua necessaria e impostate una temperatura di 84°C.

A temperatura raggiunta immergete la busta sottovuoto con le punte e impostate un timer di 20min. Quando sarà passato questo tempo estraete la busta e immergete quella con i gambi impostando un timer di 40min.

Ora aprite le buste e versate sia le punte che i gambi in una padella e fateli saltare alcuni minuti, con una spolverata di sale e un filo di olio, poi spegnete.

Prendete il vostro filetto di salmone già pulito e lavato, e fatelo sgocciolare per bene, dopodiché con un po' di olio massaggiatelo, tagliatelo in tre o quattro pezzi e inseritelo in una busta per il sottovuoto, disponendolo in maniera che i pezzi non si sovrappongano e avviate nella macchina per il sottovuoto.

Prendete un tegame alto più di 20cm, ponete sopra il roner, e iniziate a riempirlo di acqua e infine impostate una temperatura di 52°C.

Chiudete con un coperchio o con una pellicola per impedire l'evaporazione dell'acqua e aspettate.

Quando l'acqua avrà raggiunto tale temperatura procedete a immergere totalmente la busta del sottovuoto e impostate un tempo di 30 min sul roner.

Passati i 30 min estraete la busta e lasciate raffreddare un minimo, poi aprite la busta e estraete il salmone, ponendolo in una padella e facendolo scottare da ambo i lati per alcuni minuti.

Ora disponete il filetto di salmone nei piatti e contornate con gli asparagi, e infine servite.

Cavolfiore sottovuoto

Il cavolfiore è un alimento usato sia come contorno, che come piatto unico, per una cena leggera e molto nutriente o un pranzo veloce.

È molto semplice da preparare e non occorrono moltissimi ingredienti, ma fate attenzione sempre alla qualità degli ingredienti che acquistate se volete ottenere un risultato soddisfacente.

Ingredienti:

- N.1 cavolfiore medio;
- Pepe q.b.;
- 1 cucchiaino di salsa di soia;
- 1 cucchiaino di pepe Caienna;
- Salsa di pesce;

Preparazione:

La ricetta è molto semplice, iniziate con il tagliare il cavolfiore in pezzi da 3-4 cm, e poneteli in una ciotola, poi prendete la salsa di soia e versatela nella ciotola del cavolfiore e iniziate a mescolare delicatamente con un mestolo o un cucchiaio.

Passate poi ad aggiungere il pepe nero e il pepe di Caienna e mischiate nuovamente fino a quando gli aromi non si saranno amalgamati bene al cavolfiore e infine unite la salsa di pesce e amalgamate il tutto un'ultima volta.

A questo punto prendete una busta per sottovuoto e versate all'interno il cavolfiore con tutti i succhi presenti nel piatto, poi avviate la busta nella macchina per sottovuoto.

Prendete un tegame alto più di 20cm, ponete sopra il roner, e iniziate a riempirlo di acqua e infine impostate una temperatura di 85°C.

Chiudete con un coperchio o con una pellicola per impedire l'evaporazione dell'acqua e aspettate.

Quando l'acqua avrà raggiunto tale temperatura procedete a immergere totalmente la busta del sottovuoto e impostate un tempo di 40 min sul roner.

Passati i 40min estraete la busta e lasciate raffreddare un minimo, poi aprite la busta e estraete il cavolfiore e disponetelo in un piatto e servite in tavola.

Petto d'anatra

Il petto d'anatra è un taglio di carne molto pregiata e gustosa e con un sapore deciso. Rispetto al petto di pollo o ti tacchino si presenta molto più scura, e molto ricca di proteine e vitamine, tra le quali la vitamina B e la vitamina B12.

Solitamente al petto d'anatra si può aggiungere un contorno di patate o di verdure, ma in questo caso abbiamo scelto la prima.

Vediamo ora quali ingredienti occorrono per preparare questa prelibatezza.

Ingredienti:

- 500 gr di petto d'anatra;
- Sale q.b.;
- Rosmarino selvatico;
- Pepe q.b.;
- olio extra vergine di oliva;

Preparazione:

Iniziate preparando le patate, sbucciatele e

tagliatele in piccoli pezzi, poi riponeteli in un piatto e condite con un po' di sale e un filo di olio.

Dopo averle condite inserite le patate in una busta per il sottovuoto, aggiungete un rametto di rosmarino e chiudete la busta con la macchina per il sottovuoto.

Riempite di acqua una pentola o un tegame alto più di 20cm, posizionateci sopra il roner, impostate una temperatura di 80°C.

Una volta raggiunta tale temperatura immergete la busta sottovuoto delle patate e impostate il timer a 40 min, dopodiché estraete il sacchetto, versate il contenuto in una padella e fate saltare per diversi minuti.

Preparate ora il petto d'anatra, date una spolverata di sale, una di pepe e infine versateci sopra dell'olio extravergine di oliva e iniziate a massaggiare con le mani in modo tale che la carne assorba le spezie.

Prendete poi una busta per sottovuoto, inserite dentro il pezzo di carne, aggiungete un rametto di rosmarino selvatico e avviate nella macchina per il sottovuoto.

Nella stessa pentola dove avete cotto le patate impostate sul roner una temperatura di 58°C, e solo quando questa temperatura sarà raggiunta immergete all'interno la busta con la carne.

Impostate come tempo di cottura 3 ore, e allo scadere del timer, togliete la busta con la carne, apritela e con una pinza prendete il petto di anatra e deponetelo nella padella con le patate.

Fate scottare per alcuni minuti su ambo i lati, dopodiché disponete il petto d'anatra su un tagliere e iniziate a tagliarlo a fette.

Disponete le fette su una sperlunga e versate tutt'intorno le patate, poi servite e degustate questo prelibatissimo piatto CBT.